80 ERSTAUNLICHE *vegetarische* REZEPTE

VIRGINIE GARNIER & CASPAR MISKIN

80 ERSTAUNLICHE *vegetarische* REZEPTE

»»» TAKE EAT EASY «««

INHALT

HÜLSENFRÜCHTE

GETREIDE UND STÄRKEHALTIGE NAHRUNGSMITTEL

OBST UND GEMÜSE

PFLANZLICHE FETTE UND ÖLFRÜCHTE

WAS VEGETARIER BRAUCHEN

Für die Zusammenstellung eines ausgewogenen und vollwertigen vegetarischen Tellers oder einer Bowl bedarf es einiger ernährungswissenschaftlicher Kenntnisse. Man unterscheidet vier essenzielle Gruppen von Nahrungsmitteln:

OBST UND GEMÜSE

Ob roh, gegart oder gedämpft, in der Pfanne oder im Ofen gebraten – sie liefern dem Körper Vitamine, Mineral- und Ballaststoffe sowie Antioxidantien und sollten deshalb bei keiner Mahlzeit fehlen.

GETREIDE UND STÄRKEHALTIGE NAHRUNGSMITTEL

Nudeln, Reis, Brot, Couscous, Quinoa, Bulgur, Gerste oder Buchweizen sind ausgezeichnete Energielieferanten – sie sollten mindestens einmal täglich auf dem Speiseplan stehen. Darüber hinaus sind sie schnell und einfach in der Zubereitung. Lassen Sie sich von der inzwischen enormen Produktvielfalt inspirieren.

HÜLSENFRÜCHTE

sind reich an Eisen, Calcium und Magnesium, enthalten jede Menge pflanzliches Eiweiß und wenig Fett. Deshalb sollten Bohnen, Erbsen, Kichererbsen oder Linsen drei- bis viermal pro Woche auf den Tisch kommen. Wichtig ist allerdings, dabei auf Abwechslung zu achten, um Mangelerscheinungen vorzubeugen. Denn nicht jede Hülsenfrucht liefert die gleichen Aminosäuren. Besser verdaulich sind Hülsenfrüchte, wenn man sie mit Getreide kombiniert.

PFLANZLICHE FETTE UND ÖLFRÜCHTE

sind reich an Eiweiß, Mineralstoffen und den Vitaminen A, B und E und sollten deshalb bei keiner Mahlzeit fehlen. Zu den Ölfrüchten zählen etwa Walnüsse, Mandeln und Haselnüsse sowie Kürbiskerne, Leinsamen, Sesamsamen, Pistazien oder Erdnüsse. Um Ölfrüchten eine köstliche Röstnote zu verleihen, kann man sie 10 Minuten ohne Fett in einer trockenen Pfanne rösten. Die aus ihnen gewonnenen Öle eignen sich bestens zum Verfeinern der Speisen.

SCHRITT FÜR SCHRITT

Die in den Rezepten verwendeten Käsesorten sind zum Teil mit tierischem Lab hergestellt, darunter Parmesan und viele französische Käse. Ersetzen Sie sie nach Belieben durch eine vegetarische, also mit mikrobiellem Lab produzierte Sorte, etwa Montello für Parmesan.

8

1.

KAUFEN SIE NACH MÖGLICHKEIT SAISONALES OBST UND GEMÜSE AUS BIOLOGISCHEM ANBAU
Wählen Sie eine Frucht oder ein Gemüse aus, das Sie am liebsten roh essen, und ein zweites, das Sie kochen, dämpfen oder braten möchten.

2.

WÄHLEN SIE EIN GETREIDE-PRODUKT AUS
wie zum Beispiel Nudeln, Quinoa, Couscous, Weizen, Brot ... Es gibt übrigens auch Pasta aus Quinoa oder Dinkelmehl.

3.

FÜGEN SIE EINE HÜLSENFRUCHT HINZU
Die Hülsenfrucht ist der Haupt-eiweißlieferant und sorgt für die Sättigung.

4.

DENKEN SIE AUCH AN EINE GUTE SAUCE
Egal ob fertig gekauft oder selbst gemacht, Saucen, Dressings und Dips verlei-hen Ihrem Teller oder Ihrer Bowl erst den richtigen Geschmack.

5.

GEWÜRZE SIND DAS A UND O
Gewürze wie Kreuzkümmel, Paprika- und Currypulver sowie Cayenne-pfeffer sollten in keinem Küchen-schrank fehlen. Sie verleihen den Speisen Charak-ter und regen die Geschmacks-knospen an.

6.

KRÄUTER FÜRS AROMA

Auf frische, aromatische Kräuter wie Basilikum, Minze, Koriandergrün, Schnittlauch, Salbei oder Petersilie sollten Sie nie verzichten. Damit sie sich länger halten, muss man sie nur in Küchenpapier wickeln und im Gemüsefach des Kühlschranks aufbewahren.

7.

UNVERZICHT-BAR: DIE KLEI-NEN EXTRAS

wie Knoblauch, Zitrone, Essig, Schalotten, Rettich, Frühlingszwiebeln, Pinienkerne, Rucola, Sprossen, Meerrettich, Ingwer, Harissa ... Sie sorgen für eine säuerliche, pikante oder frische Note.

8.

DAMIT DAS GANZE AUCH BISS HAT

empfehlen sich knackige Croûtons, Nüsse, Körner und Samen, die besonders gut schmecken, wenn man sie vorher röstet.

TIPPS FÜR DIE ZUBEREITUNG

OBST UND GEMÜSE

1. Kaufen Sie Obst und Gemüse möglichst saisonal und regional und wählen Sie, wann immer es geht, Bioprodukte. Waschen Sie die Früchte und das Gemüse, bevor Sie es zubereiten bzw. servieren, oder säubern Sie sie mit einem feuchten Tuch.

2. Entfernen Sie die Schale nur, wenn es wirklich nötig ist, denn in der Schale stecken die meisten Vitamine.

3. Gemüse immer nur kurz garen, damit es knackig bleibt. Am besten bleiben die Vitamine erhalten, wenn man es kurz andünstet oder dämpft. Je höher die Gartemperatur, desto größer ist der Vitaminverlust.

GETROCKNETE HÜLSENFRÜCHTE UND LINSEN

(WEISSE UND SCHWARZE BOHNEN, KIDNEYBOHNEN, PUY-LINSEN, ROTE LINSEN, KICHERERBSEN, SPALTERBSEN ...)

FÜR 100 GRAMM GEGARTE HÜLSEN-FRÜCHTE BENÖTIGEN SIE 50 GRAMM GETROCKNETE HÜLSENFRÜCHTE

1. Wenn Sie Konserven verwenden, die Hülsenfrüchte vor der Zubereitung unter fließendem kaltem Wasser abspülen und gut abtropfen lassen.

2. Getrocknete Hülsenfrüchte ebenfalls zunächst unter fließendem kaltem Wasser abspülen und verlesen, danach mindestens 1 Stunde, am besten aber über Nacht, in kaltem Wasser einweichen. Die Hülsenfrüche anschließend nach Packungsanweisung kochen.

3. Rohe oder gedünstete Schalotten, Saucen und Gewürze verfeinern den Geschmack der Hülsenfrüchte. Für Kichererbsen eignet sich am besten Kreuzkümmel, Kidneybohnen schmecken besonders gut mit roher Frühlingszwiebel und Curry harmoniert hervorragend mit roten Linsen.

GETREIDE

(QUINOA, DINKEL, GERSTE, WEIZEN, BUCHWEIZEN ...)

FÜR 100 GRAMM GEGARTES GETREIDE MÜSSEN SIE 50 GRAMM GETROCKNETES GETREIDE (BEI COUSCOUS 35 GRAMM) RECHNEN

1. Das Getreide vor dem Kochen gut unter fließendem kalten Wasser abspülen.
2. Anschließend in Salzwasser oder Brühe mit einer kleinen Zwiebel oder einem Lorbeerblatt nach Packungsanweisung garen.
3. Das gegarte Getreide abgießen, abtropfen lassen und etwas Olivenöl unterrühren, damit die Körner nicht verkleben.

ÖLE UND ÖLFRÜCHTE

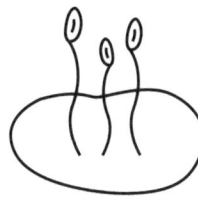

1. Neben Lipiden enthalten Ölfrüchte auch sehr viel Eiweiß, das gilt vor allem für Sesam und Mandeln. Wer einen empfindlichen Magen hat, sollte sie vor dem Genuss enthäuten. Ölfrüchte kann man im Ganzen essen oder man hackt sie und bestreut die Speisen damit. Intensiver wird ihr Geschmack, wenn man sie vorher ohne Fett leicht röstet.
2. Vorzüglich schmecken Ölfrüchte auch in pürierter Form als Brotaufstrich oder als Ersatz für Butter oder Sahne.
3. Die gekeimten Samen (Sonnenblumen- oder Kürbiskerne, Leinsamen ...) schmecken nicht nur gut, sondern sind überdies reich an Nährstoffen.
4. Aus Ölfrüchten gewonnene Öle (Leinsamenöl, Kürbiskernöl, Haselnussöl, Hanföl, Traubenkernöl ...) möglichst nicht erhitzen, sondern überwiegend zum Beträufeln und damit Verfeinern der Speisen verwenden.

GRÜNES PROTEIN

Durchschnittlicher Gehalt pro 100 Gramm

EDAMAME
(grüne Sojabohnen)
11 Gramm

KICHERERBSEN
9 Gramm

TOFU
12 Gramm

ERBSEN
5 Gramm

ERDNUSS-
CREME
28 Gramm

MANDELN
19 Gramm

GRÜNE LINSEN
24 Gramm

EI
11 Gramm

12

QUINOA
4 Gramm

JUNGER SPINAT
5 Gramm

TEMPEH
19 Gramm

ERDNÜSSE
26 Gramm

VOLLKORNBROT
11 Gramm

CHEDDAR
25 Gramm

SCHAFSMILCH-
JOGHURT
11 Gramm

13

KLEINE EXTRAS FÜR MEHR GESCHMACK

INGWER

AGAVENDICKSAFT

ZITRONE

PARMESAN

GETROCKNETE
FEIGEN

14

SCHWARZER
RETTICH

KRÄUTER
*Basilikum, Koriandergrün,
glatte Petersilie*

KNOBLAUCH

LEINSAMENÖL

KÜRBISKERNÖL

KREUZKÜMMEL

CHILI-
SCHOTEN

TAMARI
(glutenfreie Sojasauce)

15

KURKUMA

HARISSA

WALNÜSSE

PISTAZIEN

POWER FOOD

Körner und Getreide sind nicht nur ausgezeichnete –
und obendrein ausgesprochen fettarme – Eiweiß- und
Ballaststofflieferanten, sie sind auch wahre Energiespender.
Verwenden Sie nach Möglichkeit Vollkornprodukte, bei
denen die Vitamine und Mineralstoffe noch weitgehend
erhalten sind. Und probieren Sie auch einmal alte Sorten wie
Quinoa oder Dinkel aus, die besonders reich an Nährstoffen
sind. Ob Roggen, Vollweizen, Wildreis, Buchweizen ...,
die Auswahl ist riesig. Sie müssen nur zugreifen.

VOLLKORNNUDELN, PILZE & GRÜNKOHL

18

Für 2 Personen

5 Petersilienstängel

12 Shiitake-Pilze

Walnussöl

2 Grünkohlblätter

2 TL Gomasio (japanisches Sesamsalz)

1 Stück französischer Schnittkäse aus Schafsmilch
  (z. B. Ossau-Iraty oder Etorki)

2 Feigen

200 g Vollkornnudeln, gegart

2 EL Walnusskerne, gehackt

Salz und Pfeffer (nach Geschmack)

am besten von Oktober bis März

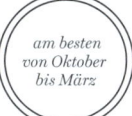

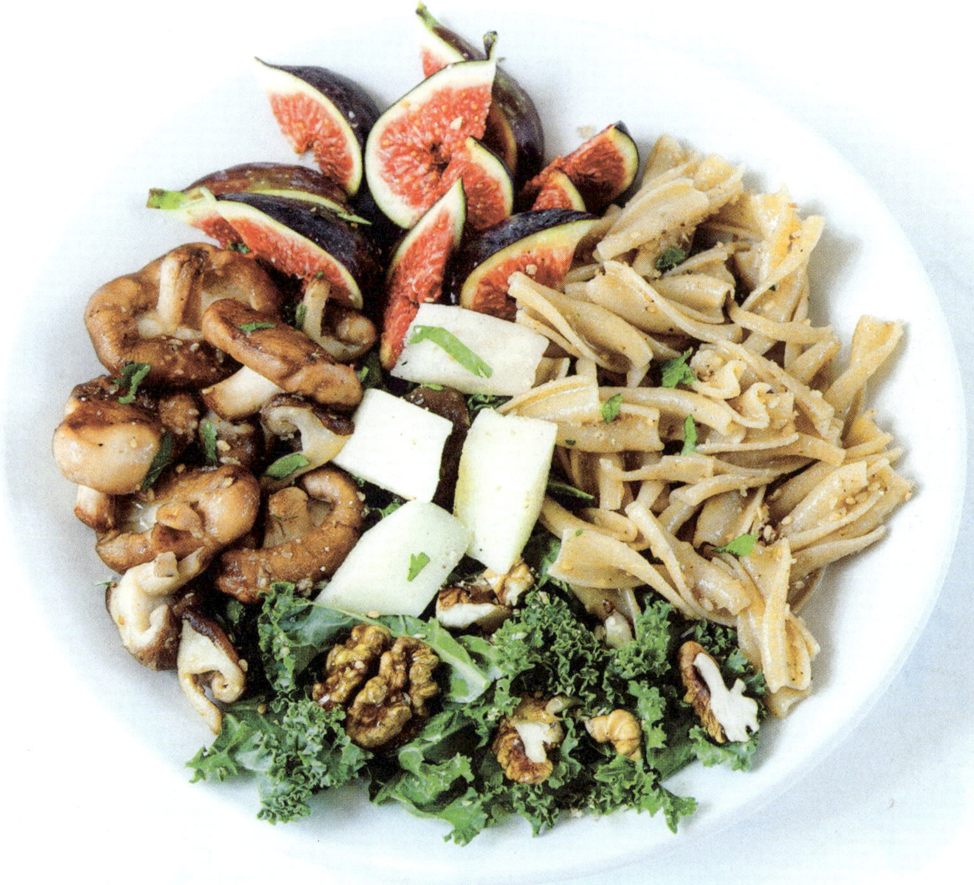

Rezept

Die Petersilienblätter abzupfen und fein hacken. In einer Pfanne die Pilze mit der Petersilie in etwas Walnussöl anbraten. Mit Salz und Pfeffer würzen, aus der Pfanne nehmen und beiseitestellen. Die Kohlblätter unter fließendem kaltem Wasser waschen und trockentupfen. Die harten Blattrippen heraustrennen, die Blätter in feine Streifen schneiden und mit dem Gomasio nur kurz in der Pilzpfanne andünsten. Den Käse in Scheiben, die Feigen in Spalten schneiden. Die Nudeln mit Pilzen, Kohl, Käse und Feigen auf zwei Tellern anrichten, mit den Nüssen bestreuen, mit Walnussöl beträufeln und servieren.

VOLLKORNREIS, AUBERGINE & MANGO

20

Für 2 Personen

1 Aubergine

1 EL Olivenöl

1 EL Tamari (glutenfreie Sojasauce)

1 EL Speisestärke

200 g Tofu

Sesamöl

1 Knoblauchzehe, fein gehackt

200 g Vollkornreis, gegart

100 g junge Spinatblätter

½ Mango, geschält, in Scheiben geschnitten

4 EL Guacamole

2 EL Cashewkerne

Salz und Pfeffer (nach Geschmack)

Rezept

Den Backofen auf 220 °C vorheizen. Die Aubergine längs in Scheiben schneiden. In einem tiefen Teller das Olivenöl mit der Sojasauce und der Speisestärke glatt rühren. Den Tofu in fingerdicke Scheiben schneiden, in der Mischung wenden, auf ein mit Backpapier ausgelegtes Backblech geben und 25 Minuten im heißen Ofen garen. Inzwischen die Auberginenscheiben in einer Pfanne bei mittlerer Hitze 10 Minuten von beiden Seiten in etwas Sesamöl braten. Den Knoblauch hinzufügen und weitere 5 Minuten braten. Den Reis mit Tofu, Aubergine, Spinat, Mango und Guacamole auf zwei Tellern anrichten, mit den Cashewkernen bestreuen und servieren.

POWER-TELLER

22

Für 2 Personen

1 große Zucchini, gewürfelt

1 Knoblauchzehe, fein gehackt

10 Petersilienstängel, die Blätter fein geschnitten

2 EL Olivenöl

1 Aubergine, in Scheiben geschnitten

200 g Vollkornspaghetti, gegart

100 g Spalterbsen, gegart

6–8 getrocknete Tomaten

1 kleiner Becher Quark (250 g)

4 EL Hummus

5 Schnittlauchhalme, in Röllchen geschnitten

1 EL Sonnenblumenkerne

Salz und Pfeffer (nach Geschmack)

am besten von Juli bis Dezember

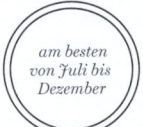

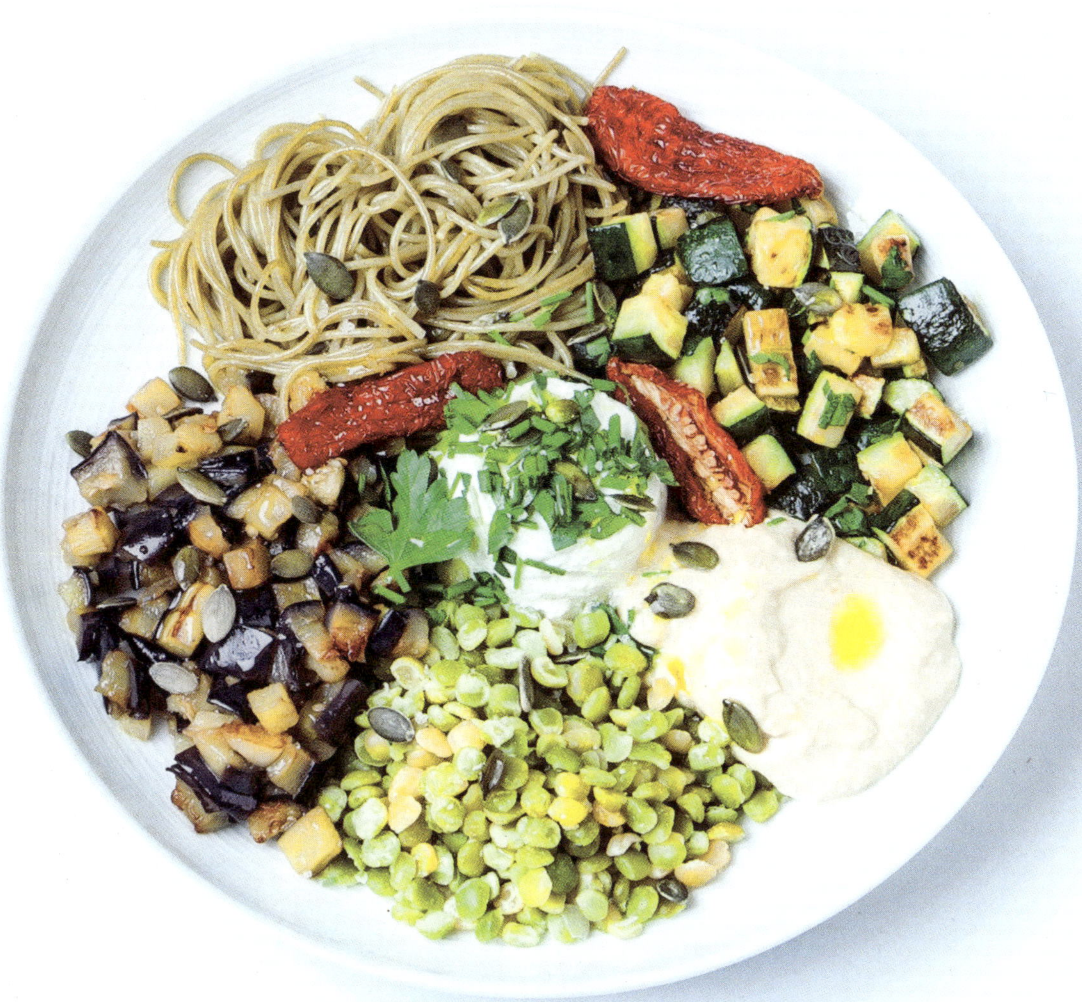

Rezept

Die Zucchini mit dem Knoblauch und der Hälfte der Petersilie in 1 Esslöffel Olivenöl anbräunen. Mit Salz und Pfeffer würzen und beiseitestellen. Die Auberginenscheiben im restlichen Öl anbraten, anschließend in Würfel schneiden. Die Spaghetti mit Zucchini, Aubergine, Erbsen, Tomaten, Quark und Hummus auf zwei Tellern anrichten. Den Quark mit der übrigen Petersilie und dem Schnittlauch bestreuen. Über alles Sonnenblumenkerne geben und servieren.

BUCHWEIZEN, RETTICH & FRISCHKÄSE

24

Für 2 Personen

2 Lauchstangen, weiße und
  hellgrüne Abschnitte

1 schwarzer Rettich

2 Vollkornbrötchen, aufgeschnitten

110 g Buchweizen, gegart

4 EL Brousse (provenzalischer Frischkäse)

4 EL Mayonnaise

2 Eier, hart gekocht und gehackt

1 EL gehackte Haselnusskerne

Saft von ½ Zitrone

Salz und Pfeffer (nach Geschmack)

Rezept

Den Lauch dämpfen und der Länge nach in Scheiben schneiden. Den Rettich in dünne
Scheiben schneiden. Die Brötchen toasten. Den Buchweizen mit Brötchen, Lauch,
Rettich, Frischkäse und Mayonnaise auf zwei Tellern anrichten. Mit den gehackten
Eiern und den Haselnüssen bestreuen, mit Zitronensaft beträufeln und servieren.

VITAMINBOMBE

26

Für 2 Personen

2 Karotten, geschält

Olivenöl

2 EL Haselnusskerne

110 g Weizenkörner, gegart

110 g getrocknete Kichererbsen, gegart
  (oder 220 g abgetropfte Kichererbsen aus der Dose)

½ Fenchelknolle, fein gehobelt

1 Orange, geschält und in dünne Scheiben geschnitten

1 kleiner Becher (150 g) griechischer Naturjoghurt

1 EL Kreuzkümmelsamen

Salz und Pfeffer (nach Geschmack)

am besten von Juli bis Dezember

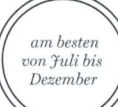

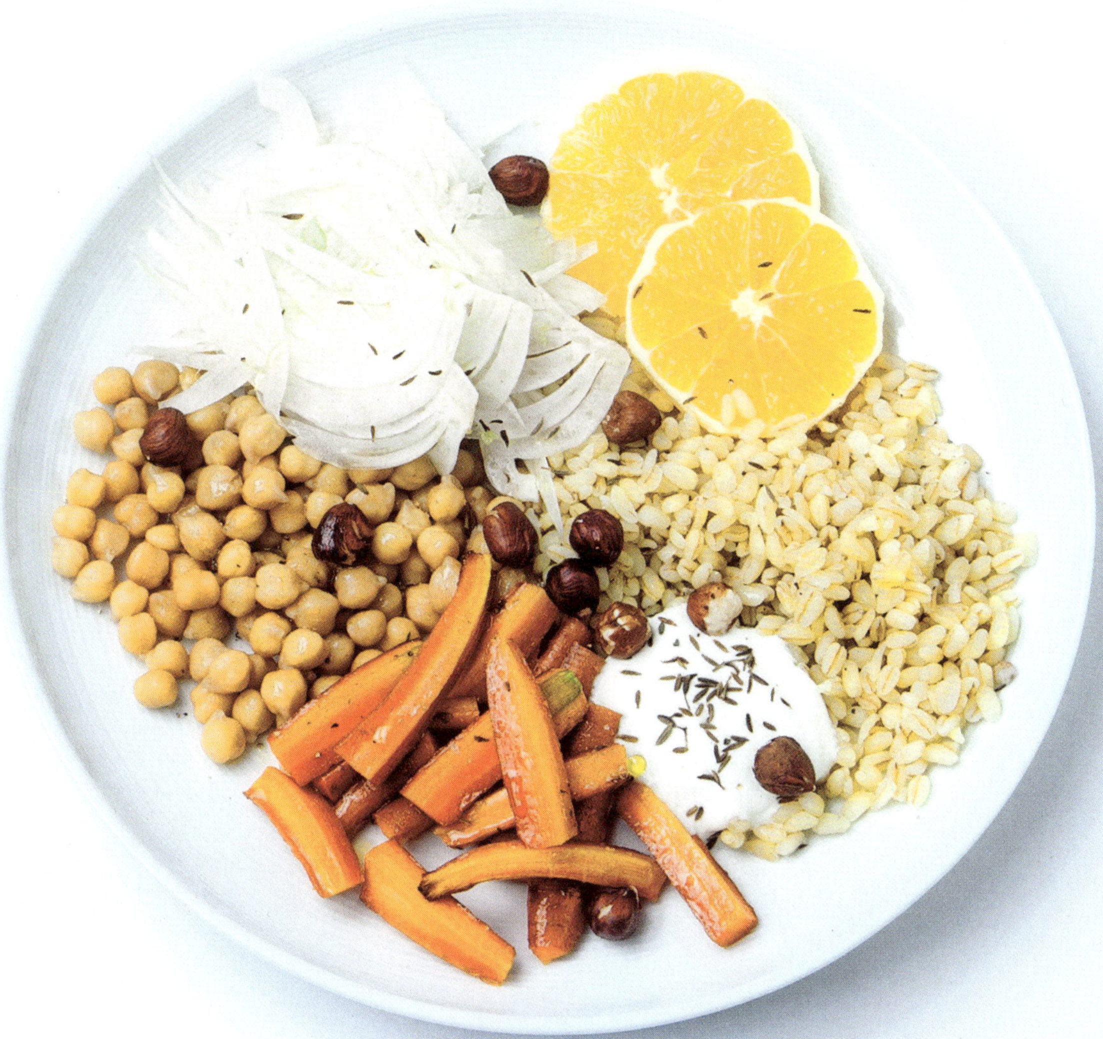

Rezept

Die Karotten längs in Stäbchen schneiden und 10 Minuten in etwas Olivenöl anbräunen. Die Haselnüsse in einer Pfanne ohne Fett goldbraun rösten. Den Weizen mit Kichererbsen, Fenchel, Karotten, Orangenscheiben und Joghurt auf zwei Tellern anrichten. Mit den Nüssen und dem Kreuzkümmel bestreuen und servieren.

VEGGIESTRONE

28

Für 2 Personen

3 Bio-Karotten, gewaschen und mit Schale längs geviertelt

4 EL Olivenöl

1 rote Zwiebel, fein gewürfelt

120 g getrocknete Kidneybohnen, gegart
 (oder 250 g abgetropfte Bohnen aus der Dose)

4 Thymianzweige, Blättchen abgezupft

200 g Vollkornnudeln, gegart

1 Knoblauchzehe, fein gehackt

2 Selleriestangen, quer in dünne Scheiben geschnitten

4 EL Tomatenkaviar, alternativ Pesto aus getrockneten Tomaten

50 g Parmesan, in feine Späne gehobelt

4 Petersilienstängel, Blätter fein geschnitten

Salz und Pfeffer (nach Geschmack)

am besten von April bis Dezember

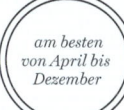

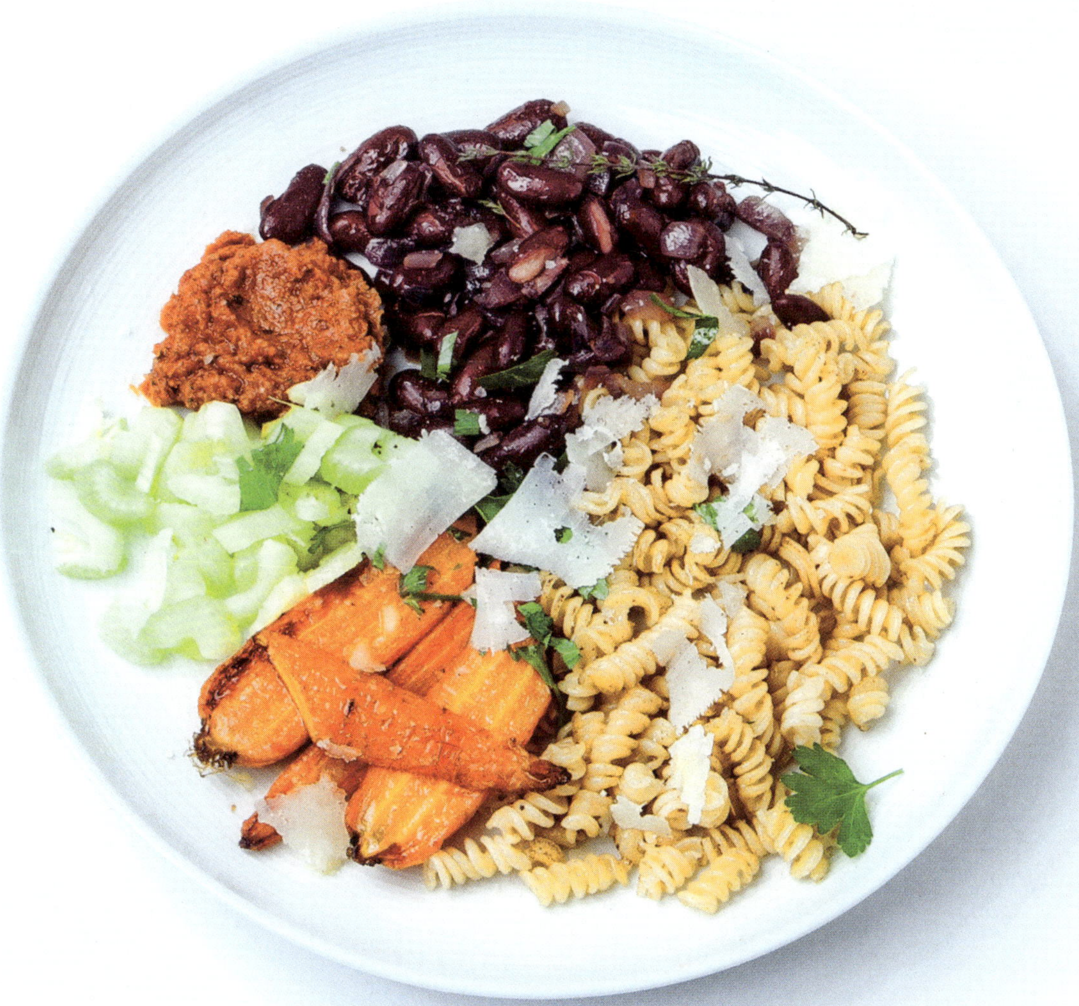

Rezept

Den Backofen auf 180 °C vorheizen. Die Karotten auf ein mit Backpapier ausgelegtes Backblech legen, mit etwas Olivenöl beträufeln und 15 Minuten im heißen Ofen garen. Die Zwiebelwürfel in einer heißen Pfanne in etwas Olivenöl goldgelb dünsten. Die Bohnen und den Thymian untermischen und 5 Minuten garen. In einer zweiten Pfanne die Nudeln mit dem Knoblauch 5 Minuten in ein wenig Olivenöl anbraten. Die Nudeln mit den Bohnen, dem rohen Sellerie, Karotten und Tomatenkaviar auf zwei Tellern anrichten. Mit Parmesanspänen und Petersilie bestreuen und servieren.

REIS, LINSEN & KRÄUTERSAUCE

30

Für 2 Personen

1 Schalotte, fein gewürfelt

Olivenöl

110 g Kichererbsen, gegart
  (oder 220 g abgetropfte Kichererbsen aus der Dose)

2 Prisen gemahlener Kreuzkümmel

10 Petersilienstängel, Blätter fein geschnitten

10 Minzestängel, Blätter fein geschnitten

fein abgeriebene Schale von 1 unbehandelten Zitrone

110 g grüne Linsen, gegart

220 g gegarter weißer Reis (etwa 150 g roher Reis)

6 Radieschen, in Scheiben geschnitten

4 EL cremig-frische Kräutersauce (siehe S. 174)

Salz und Pfeffer (nach Geschmack)

Rezept

In einer Pfanne die Schalotte in etwas Olivenöl goldgelb dünsten.
Die Kichererbsen und den Kreuzkümmel untermengen und die Pfanne beiseitestellen.
Die Petersilie mit der Minze mischen. Die Zitronenzesten unter die Linsen mischen.
Den Reis mit Linsen, Kichererbsen, Kräutern, Radieschen und Kräutersauce auf
zwei Tellern anrichten. Mit etwas Olivenöl beträufeln und servieren.

PIKANTER BLUMENKOHL

32

Für 2 Personen

1 kleiner Blumenkohl

Olivenöl

110 g Einkorn, gegart

100 g zarte junge Bohnenkerne von Dicken Bohnen
  oder gegarte Dicke Bohnen

4 EL Bohnencreme (siehe S. 170)

1 TL Harissa (scharfe Gewürzpaste)

8 Korianderstängel, Blätter fein geschnitten

2 EL Mandelkerne, gehackt und geröstet

Saft von 1 Zitrone

Salz und Pfeffer (nach Geschmack)

Rezept

Eine Hälfte des Blumenkohls in Scheiben schneiden und in einer Pfanne 5 Minuten in etwas Olivenöl anbraten. Die Hitze verringern und zugedeckt weitere 5 Minuten garen. Die andere Blumenkohlhälfte in Röschen zerteilen. Das Einkorn mit den Bohnenkernen, dem gebratenen und dem rohen Blumenkohl, der Bohnencreme und je ½ TL Harissa auf zwei Tellern anrichten. Mit dem Koriander und den gehackten Mandeln bestreuen, mit dem Zitronensaft beträufeln und servieren.

EIN HAUCH VON MEXIKO

34

Für 2 Personen

1 grüne Paprikaschote, geviertelt

Olivenöl

1 kleines Stück Ingwer, geschält und in dünne Scheiben geschnitten

100 g Puy-Linsen, gegart

1 TL gemahlene Chilis

1 EL gemahlener Kreuzkümmel

Kürbiskernöl

2 Tomaten, fein gewürfelt

5 Korianderstängel, Blätter fein geschnitten

100 g Quinoa, gegart

½ Bio-Salatgurke, mit Schale in dünne Scheiben geschnitten

4 EL veganes grünes Pesto

Salz und Pfeffer (nach Geschmack)

Rezept

Die Paprikaviertel 5 Minuten in einer Pfanne in etwas Olivenöl anbraten. Den Ingwer dazugeben und 5 Minuten mitgaren. In einer zweiten Pfanne die Linsen mit Chili und Kreuzkümmel in ein wenig Kürbiskernöl andünsten. Die Tomaten mit etwas weniger als der Hälfte der Korianderblätter mischen. Die Quinoa mit den Linsen, der Paprika-Ingwer-Mischung, Tomaten, Gurke und dem Pesto auf zwei Tellern anrichten. Mit etwas Kürbiskernöl beträufeln, mit den restlichen Korianderblättern bestreuen und servieren.

AFRIKA-BOWL

36

Für 2 Personen

½ Zwiebel, in feine Ringe geschnitten

150 g abgetropfte Maiskörner (aus der Dose)

1 Prise Cayennepfeffer

120 g getrocknete Kidneybohnen, gegart
  (oder 250 g abgetropfte Bohnen aus der Dose)

1 TL Paprikapulver

1 TL Ras-el-Hanout (orientalische Gewürzmischung)

1 Banane

250 g gegarter weißer Reis (etwa 160 g roher Reis)

1 gelbe Paprikaschote, in Streifen geschnitten

4 EL cremig-fruchtige Kräutersauce (siehe S. 174)

2 getrocknete Feigen, klein geschnitten

Salz und Pfeffer (nach Geschmack)

Rezept

In einer Pfanne die Zwiebel 5 Minuten in ein wenig Olivenöl goldgelb dünsten. Mais und Cayennepfeffer hinzufügen und alles weitere 5 Minuten garen. Eine zweite Pfanne heiß werden lassen und darin die Bohnen mit Paprikapulver und Ras-el-Hanout 5 Minuten in etwas Olivenöl andünsten. Die ungeschälte Banane der Länge nach vierteln. Den Reis mit dem Gemüse, der Banane und der Kräutersauce auf zwei Tellern oder in Bowls anrichten, mit den Feigen bestreuen und servieren.

SPAGHETTI, ERBSEN & PESTO

Für 2 Personen

10 Cocktailtomaten, halbiert

4 EL Olivenöl

60 g Erbsen, gegart

2 kleine Rosmarinzweige

6 kleine Scheiben Mehrkornbaguette

1 kleine Knoblauchzehe, geschält und halbiert

250 g Vollkornspaghetti, gegart

4 EL veganes grünes Pesto

20 große Kalamata-Oliven oder andere schwarze Oliven

Salz und Pfeffer (nach Geschmack)

Rezept

Den Backofen auf 180 °C vorheizen. Die Tomatenhälften auf einem mit Backpapier
ausgelegten Backblech verteilen, mit etwas Olivenöl beträufeln und 10 Minuten
im heißen Ofen garen. Eine Pfanne heiß werden lassen und darin die Erbsen mit
dem Rosmarin in etwas Olivenöl andünsten. Rosmarinzweige anschließend entfernen.
Die Baguettescheiben toasten und noch warm auf einer Seite mit dem Knoblauch
einreiben. Die Spaghetti mit dem Pesto mischen und mit Oliven, Baguette, Erbsen
und Tomaten auf zwei Tellern anrichten. Mit etwas Olivenöl beträufeln und servieren.

KNUSPRIGE QUINOABÄLLCHEN

40

Für 2 Personen

1 rote Zwiebel, in Ringe geschnitten

4 EL Olivenöl

60 g getrocknete Flageolet-Bohnenkerne, gegart
 (oder 120 g abgetropfte Bohnenkerne aus der Dose)

1 Ei, verquirlt

150 g Quinoa, gegart

4 EL griechischer Naturjoghurt

1 Knoblauchzehe, fein gehackt

2 Karotten, geschält

¼ Rotkohl, fein gehobelt

6 Petersilienstängel, die Blätter fein geschnitten

Salz und Pfeffer (nach Geschmack)

Rezept

Den Backofen auf 190 °C vorheizen. Die Zwiebelringe auf einem mit Backpapier ausgelegten Backblech verteilen, mit etwas Olivenöl beträufeln und 15 Minuten im heißen Ofen garen. Die Bohnen mit dem verquirlten Ei und 200 g gegarter Quinoa zerdrücken. Etwa 3 cm große Kugeln daraus formen, die Kugeln ein wenig flach drücken und in einer Pfanne bei starker Hitze von beiden Seiten in etwas Olivenöl braten. Den Joghurt mit dem Knoblauch verrühren. Die Karotten der Länge nach halbieren und schräg in Stücke schneiden. Die Quinoabällchen mit Rotkohl, Karotten, Zwiebel, der restlichen Quinoa und dem Joghurt auf zwei Tellern anrichten, mit der Petersilie bestreuen, mit etwas Olivenöl beträufeln und servieren.

PENNE, WIRSING & CHAMPIGNONS

42

Für 2 Personen

200 g braune Champignons

2 EL Olivenöl

3 Petersilienstängel, Blätter fein geschnitten

4 EL Auberginenkaviar (aus dem Glas)

250 g Vollkornpenne, gegart

2 Wirsingblätter, in feine Streifen geschnitten

125 g rote Linsen, gegart

50 g Cheddar, in dünne Scheiben geschnitten

2 EL Leinsamen

Salz und Pfeffer (nach Geschmack)

am besten von Oktober bis März

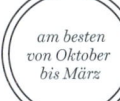

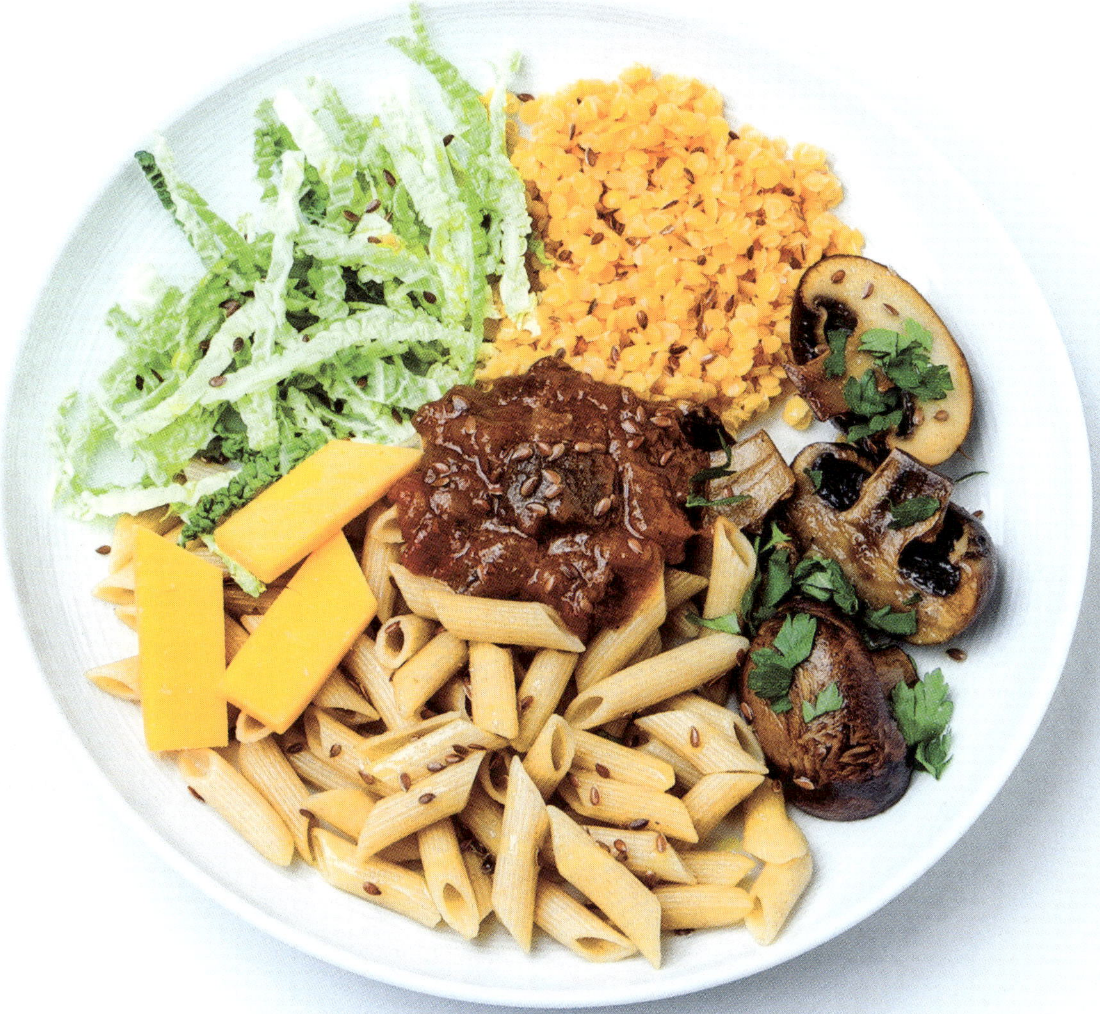

Rezept

Die Champignons putzen, säubern und halbieren. Eine Pfanne heiß werden lassen und die Pilze darin 5 Minuten in etwas Olivenöl anbraten. Zum Schluss die Petersilie unterrühren. Den Auberginenkaviar bei schwacher Hitze in einem Topf erwärmen. Die Nudeln mit den Champignons, dem rohen Wirsing, Linsen, Cheddar und warmem Auberginenkaviar auf zwei Tellern anrichten. Mit den Leinsamen bestreuen und servieren.

ASIA-GEMÜSE & FRÜHLINGSROLLEN

Für 2 Personen

2 Karotten, geschält

40 g Edamame (grüne Sojabohnen)

110 g Bulgur, gegart

4 vegetarische Frühlingsrollen, frittiert

3 EL Sojasprossen

4 EL Guacamole

10 weiße Weintrauben

2 TL Sesamsamen

Olivenöl

Sojasauce

Sauce für Frühlingsrollen (Asia-Laden)

Salz und Pfeffer (nach Geschmack)

am besten von Oktober bis März

vegan

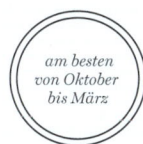

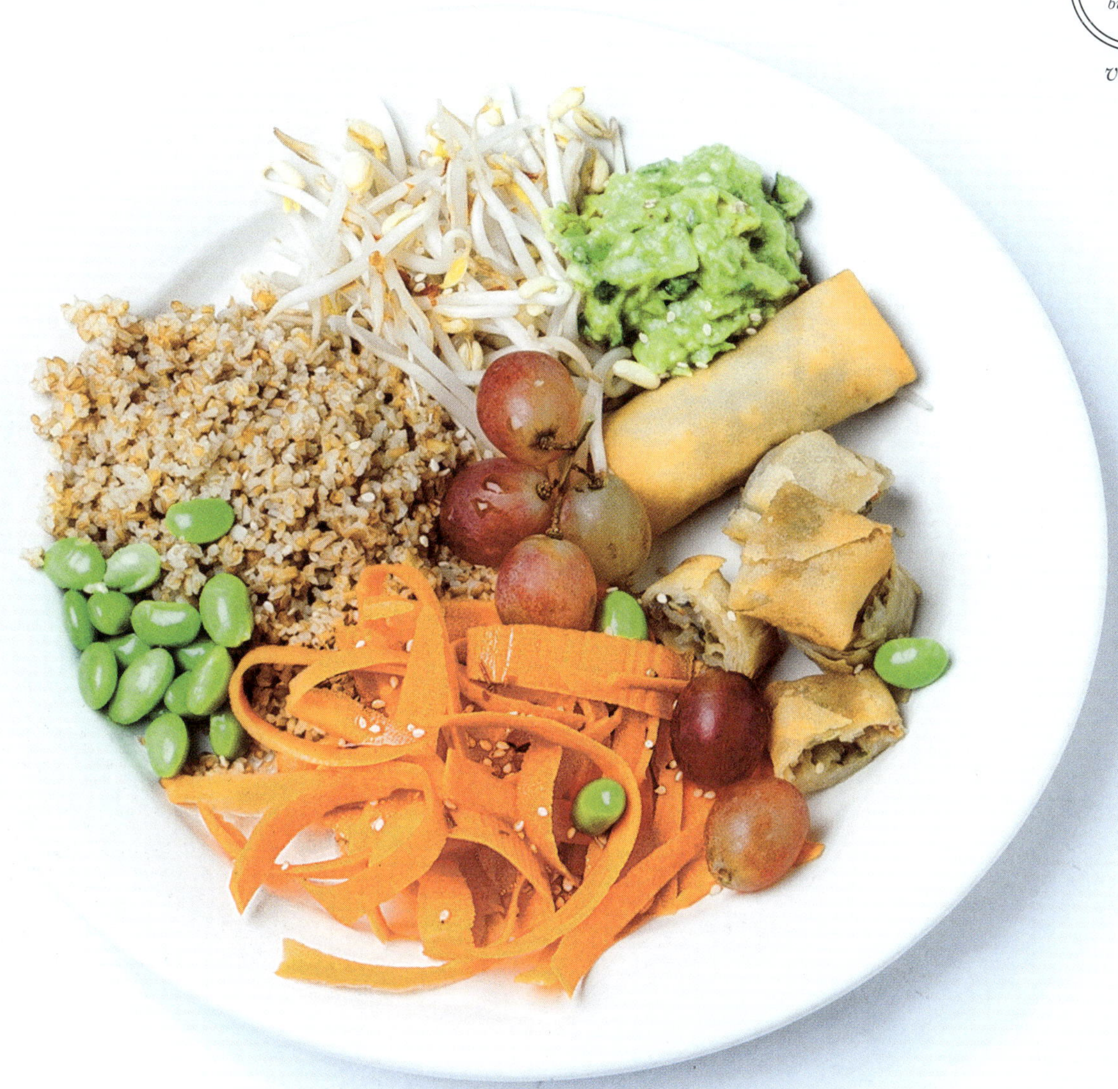

Rezept

Die Karotten mit einem Sparschäler in lange Streifen hobeln. Die Edamame-Bohnenkerne aus den Schoten lösen. Den Bulgur mit Frühlingsrollen, Sojasprossen, Karotten und Guacamole auf zwei Tellern anrichten. Mit Edamame, Trauben und Sesam bestreuen, mit etwas Olivenöl beträufeln und mit den beiden Saucen servieren.

GO GREEN

Für 2 Personen

150 g grüne Bohnen, gewaschen und abgefädelt

½ Lauchstange

Olivenöl

100 g zarte junge Bohnenkerne von Dicken Bohnen

3 Thymianzweige, Blättchen abgezupft

2 Scheiben Landbrot, getoastet

4 Artischockenherzen (aus dem Glas)

1 Karotte, quer in Scheiben geschnitten

100 g Puy-Linsen, gegart

40 g Cheddar, in Scheiben geschnitten

4 EL Vinaigrette

Salz und Pfeffer (nach Geschmack)

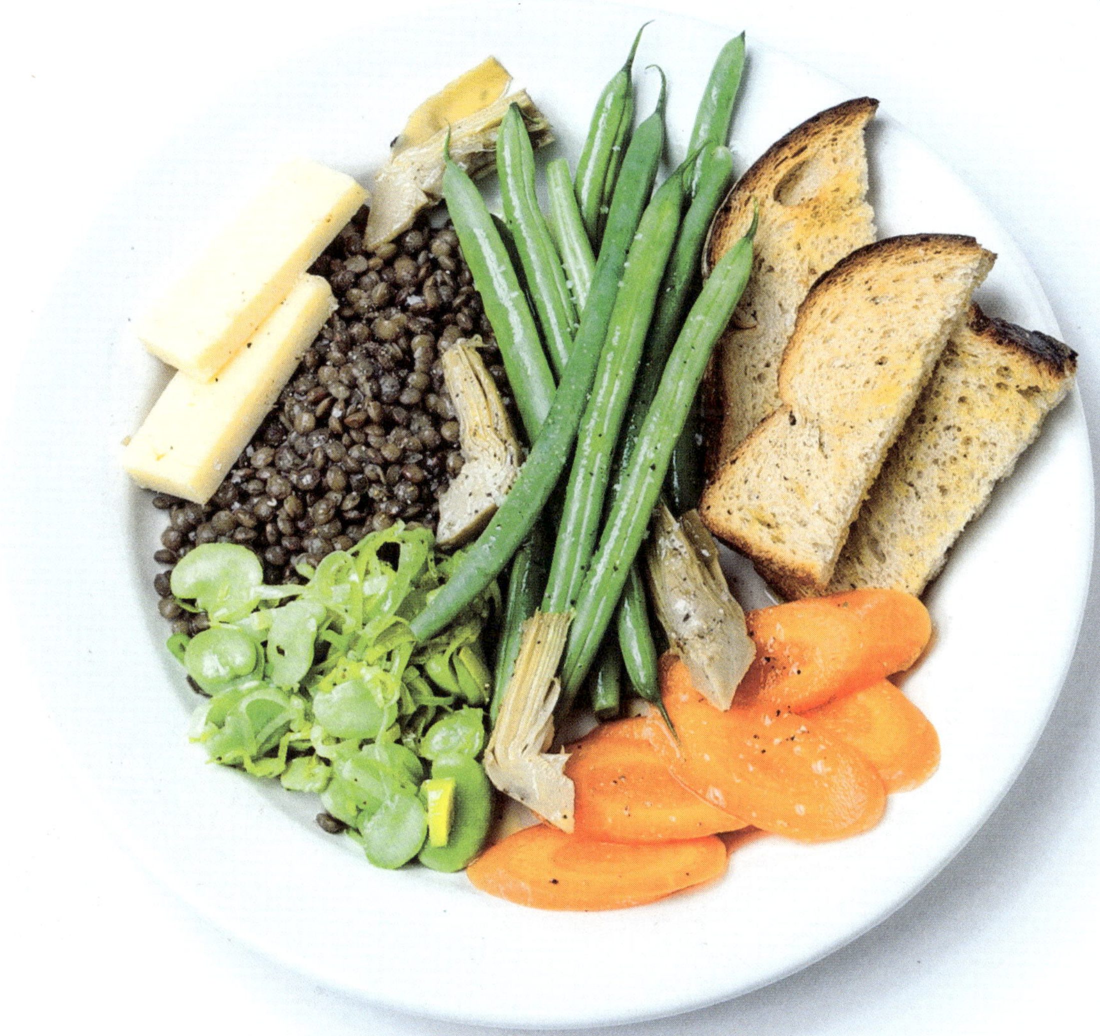

am besten von Juli bis Dezember

Rezept

Die grünen Bohnen 8 Minuten dämpfen. Inzwischen den Lauch in feine Streifen (Julienne) schneiden. Eine Pfanne heiß werden lassen und den Lauch darin 5 Minuten in etwas Olivenöl andünsten. Anschließend die Bohnenkerne und die Blättchen von 2 Thymianzweigen untermischen. Die Brote jeweils längs in 3 Stücke schneiden. Die Artischockenherzen klein schneiden. Das Gemüse mit den Linsen, dem Brot und dem Käse auf zwei Tellern anrichten. Mit der Vinaigrette beträufeln, mit den Artischocken und dem restlichen Thymian bestreuen und servieren.

ROTE BETE, LINSEN & APFEL

48

Für 2 Personen

2 ½ Rote Beten, gegart

3 EL Balsamico-Essig

1 grüner Apfel (z. B. Granny Smith)

3 Scheiben Roggenbrot, getoastet

2 Eier, 6 Minuten gekocht

200 g grüne Linsen, gegart

2 EL Brousse (provenzalischer Frischkäse)

2 EL körniger Senf

2 EL gehackte Pistazien

1 Schalotte, in Ringe geschnitten

4 EL Vinaigrette

Salz und Pfeffer (nach Geschmack)

Rezept

Die Roten Beten gegebenenfalls schälen, in Spalten schneiden und mit dem Essig anmachen. Den Apfel halbieren, entkernen und in dünne Spalten schneiden. Die Brote diagonal halbieren. Die Eier längs halbieren. Die Rote Bete mit Apfel, Brot, Eiern, Linsen, Frischkäse und Senf auf zwei Tellern anrichten. Mit den Pistazien und den Schalottenringen bestreuen, mit der Vinaigrette beträufeln und servieren.

SÜSSKARTOFFELPÜREE & RUCOLA

50

Für 2 Personen

1 Lauchstange

6 EL Olivenöl

400 g Süßkartoffeln, geschält und in dünne Scheiben geschnitten

Saft von ½ Zitrone

3 Scheiben Mehrkornbrot, getoastet

20 g zarte Rucolablätter

1 Kugel Mozzarella, halbiert

4 EL grünes Pesto

6 Pekannusskerne, gehackt

Salz und Pfeffer (nach Geschmack)

Rezept

Den Backofen auf 180 °C vorheizen. Den Lauch quer halbieren und jede Hälfte der
Länge nach in schmale Streifen schneiden. Auf einem mit Backpapier ausgelegten
Backblech verteilen, mit 1 Esslöffel Olivenöl beträufeln und 15 Minuten im heißen Ofen
garen. Die Süßkartoffeln 10 Minuten dämpfen, mit einer Gabel zu Püree zerdrücken und
mit dem Zitronensaft und 4 Esslöffeln Olivenöl verrühren. Die Brotscheiben halbieren.
Das Süßkartoffelpüree mit Lauch, Brot, Rucola, Mozzarella und Pesto auf zwei Tellern
anrichten. Mit den Nüssen bestreuen, mit etwas Olivenöl beträufeln und servieren.

VOLLKORNREIS, BROKKOLI & SPROSSEN

52

Für 2 Personen

2 Blätter Chinakohl, fein geschnitten

2 EL Sesamöl

250 g gegarter Vollkorn-Basmatireis (etwa 120 g roher Reis)

½ Brokkoli, in Röschen zerteilt

2 EL Tamari (glutenfreie Sojasauce)

1 kleines Stück Ingwer

70 g rote Quinoa, gegart

4 Panisses („Kichererbsenfritten"; französische Feinkost), alternativ Polentaschnitten (siehe S. 124)

4 EL Sprossen

4 EL grüner Gazpacho (siehe S. 176)

Salz und Pfeffer (nach Geschmack)

Rezept

In einer Pfanne den Chinakohl 5 Minuten in etwas Sesamöl andünsten. Den Reis untermischen und 5 Minuten anbraten. Den Brokkoli mit der Sojasauce anmachen. Den Ingwer schälen, in feine Stifte schneiden und mit der Quinoa mischen. Die Panisses in einer heißen Pfanne goldbraun braten. Den Reis mit Brokkoli, Quinoa, den Sprossen, den Panisses und dem Gazpacho auf zwei Tellern anrichten. Mit etwas Sesamöl beträufeln und servieren.

BULGUR, ORANGE & HONIG

Für 2 Personen

2 Scheiben dunkles Vollkornbrot

2 EL Honig

220 g Spalterbsen, gegart

6 EL Olivenöl

1 Knoblauchzehe, fein gehackt

110 g Bulgur, gegart

1 Orange, geschält und in dünne Scheiben geschnitten

4 Artischockenherzen (aus dem Glas), halbiert

4 EL Zaziki

2 EL blanchierte Mandelkerne

Salz und Pfeffer (nach Geschmack)

54

Rezept

Den Backofen auf 180 °C vorheizen. Die Brote mit je 1 Esslöffel Honig beträufeln, auf ein mit Backpapier ausgelegtes Backblech legen und 10 Minuten im heißen Ofen rösten. Die Erbsen mit 4 Esslöffeln Olivenöl und dem Knoblauch mit einer Gabel zu Püree zerdrücken. Den Bulgur mit dem Erbsenpüree, den Brot- und Orangenscheiben, den Artischockenherzen und dem Zaziki auf zwei Tellern anrichten. Mit den Mandeln bestreuen, mit etwas Olivenöl beträufeln und servieren.

LEICHTE GERICHTE

Rohes und gedämpftes Gemüse ist genau das Richtige
für alle, die eine frische, vitaminreiche Kost bevorzugen.
Im Sommer lockt farbenfrohes Gemüse in Hülle und Fülle,
das man dann auch noch mit frischen Früchten garnieren
kann. Aber auch Getreide und Hülsenfrüchte sollten
in der warmen Jahreszeit nicht zu kurz kommen. Sind
sie doch auch kalt, beispielsweise mit einer Vinaigrette
als sättigender Salat zubereitet, ein Hochgenuss. Im
Winter empfehlen sich für die leichte Küche vor allem
Kohl, Pilze, Wurzelgemüse und Zitrusfrüchte.

COUSCOUS, MARONEN & KÄSEKUGELN

Für 2 Personen

3 Schalotten, fein gewürfelt

Olivenöl

100 g Maronen, gegart

2 EL Ziegenfrischkäse

1 EL Sesamsamen, geröstet

2 EL Leinsamen

1 EL Kürbiskerne

1 großer Chicorée

1 EL Walnusskerne

1 grüner Apfel (z.B. Granny Smith)

80 g Couscous, gegart

4 EL grüner Gazpacho (siehe S. 176)

Walnussöl

Salz und Pfeffer (nach Geschmack)

Rezept

Eine Pfanne heiß werden lassen und die Schalotten darin in etwas Olivenöl goldgelb dünsten. Die
Maronen dazugeben und bei schwacher Hitze zugedeckt 5 Minuten garen. Etwa 2 cm große Kugeln
aus dem Ziegenkäse formen und in den Sesam- und Leinsamen sowie den Kürbiskernen wälzen.
Den Chicorée klein schneiden und mit den Walnusskernen mischen. Den Apfel halbieren, entkernen
und in feine Spalten schneiden. Den Couscous mit Chicorée, Apfel, Maronen, den Käsekugeln
und dem Gazpacho auf zwei Tellern anrichten. Mit etwas Walnussöl beträufeln und servieren.

QUINOA AUF INDISCHE ART

60

Für 2 Personen

½ Hokkaidokürbis, entkernt und
  in mundgerechte Würfel geschnitten

Olivenöl

1 TL Paprikapulver

Salz (nach Geschmack)

½ Fenchelknolle, in feine Streifen geschnitten

Saft von 1 Zitrone

220 g gegarte Quinoa mit Curry (Fertiggericht)

½ grüner Apfel (z. B. Granny Smith), entkernt und in Spalten geschnitten

4 EL Hummus

1 EL Sultaninen

1 EL Cashewkerne

am besten
von Oktober
bis März

vegan

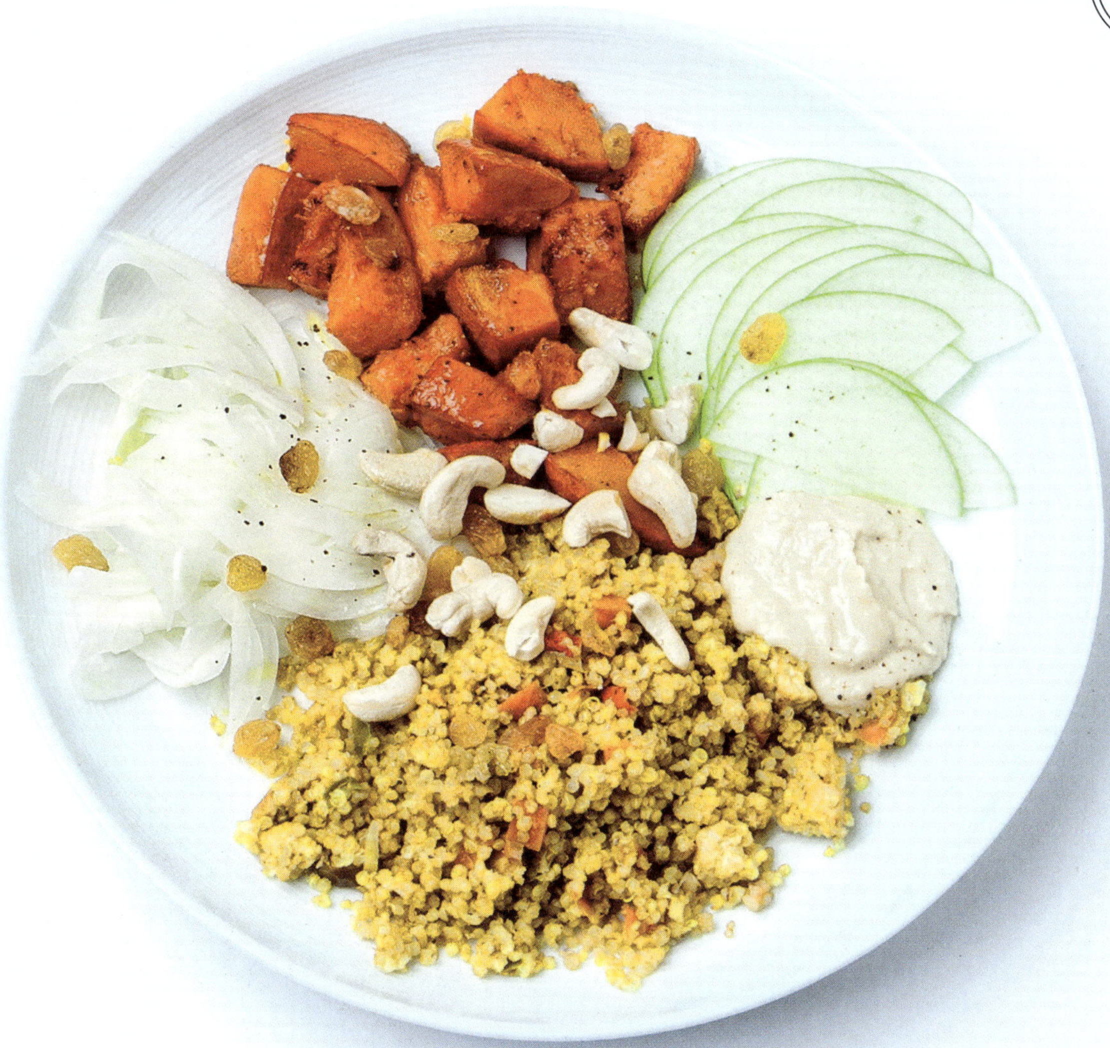

Rezept

Den Backofen auf 210 °C vorheizen. Die Kürbiswürfel auf einem mit Backpapier ausgelegten Backblech verteilen, mit etwas Olivenöl beträufeln, mit Paprikapulver und Salz würzen und 10 Minuten im heißen Ofen garen, dabei die Würfel nach der Hälfte der Zeit wenden. Inzwischen den Fenchel 2 Minuten in kochendes Wasser geben, abseihen und gründlich abtropfen lassen. Anschließend mit dem Zitronensaft mischen. Die Quinoa mit Kürbis, Fenchel, Apfel und Hummus auf zwei Tellern anrichten. Mit den Sultaninen und den Cashewkernen bestreuen und servieren.

CHIMICHURRI

62

Für 2 Personen

1 große Zucchini

150 g abgetropfte Maiskörner (aus der Dose)

1 Knoblauchzehe, fein gehackt

10 Korianderstängel, Blätter fein geschnitten

10 Petersilienstängel, Blätter fein geschnitten

1 TL gemahlener Kreuzkümmel

Avocado-Öl

100 g Hirse, gegart

120 g getrocknete Kidneybohnen, gegart
  (oder 250 g abgetropfte Bohnen aus der Dose)

4 EL Guacamole

2 EL Mandelkerne, geröstet

Saft von 1 Limette

Salz und Pfeffer (nach Geschmack)

schmeckt zu jeder Jahreszeit

vegan

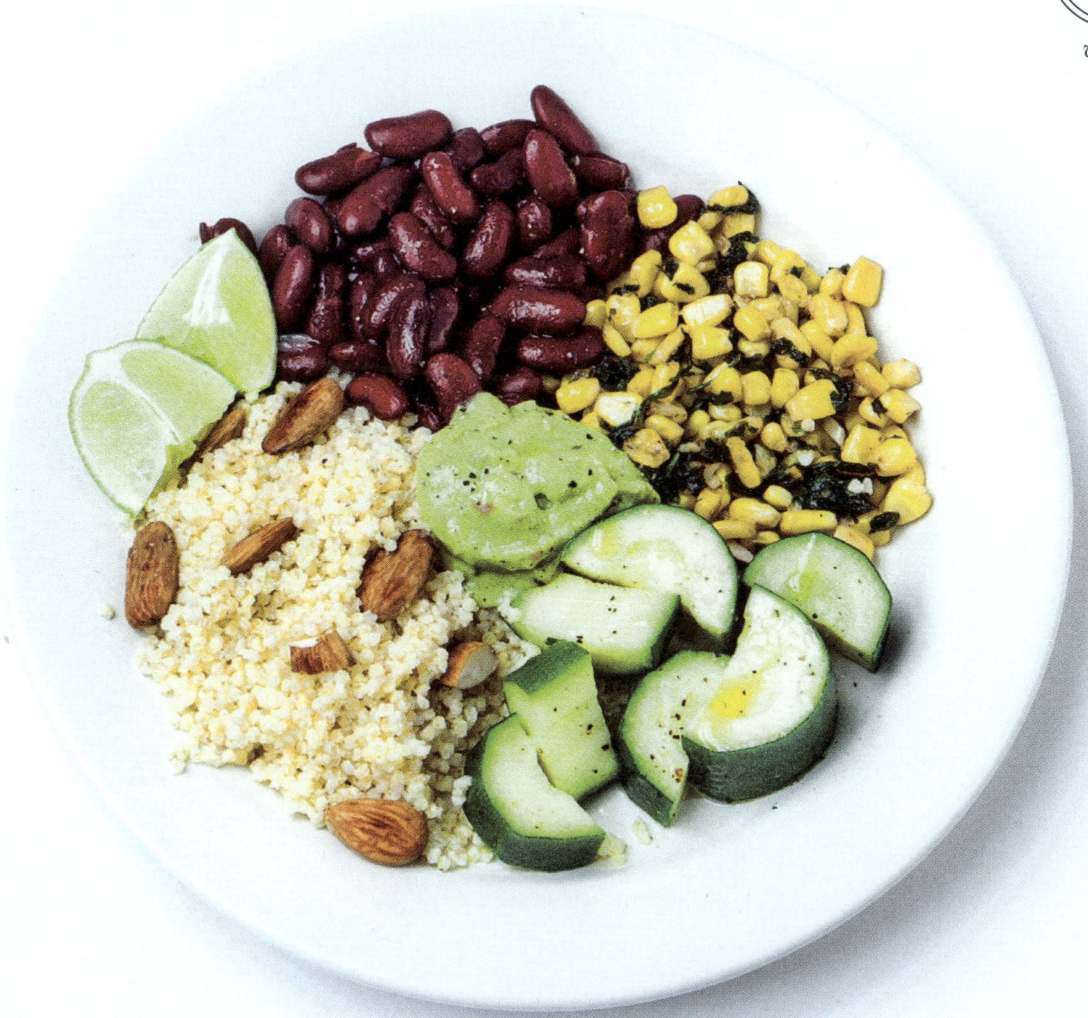

Rezept

Die Zucchini in Scheiben schneiden und 10 Minuten dämpfen. Inzwischen in einer Pfanne den Mais mit dem Knoblauch, den Kräutern und dem Kreuzkümmel 5 Minuten in etwas Avocado-Öl andünsten. Die Hirse mit Zucchini, Mais, den Bohnen und der Guacamole auf zwei Tellern anrichten. Mit den Mandeln bestreuen, mit etwas Avocado-Öl und dem Limettensaft beträufeln und servieren.

WILDREIS, ROSENKOHL & AÏOLI

64

Für 2 Personen

16 Rosenkohlröschen, halbiert

Olivenöl

2 große Karotten, fein geraspelt

2 EL Sultaninen

1 großes Stück Gouda mit Kreuzkümmel

250 g Wildreis, gegart

1 Handvoll Gemüsechips

4 EL vegane Aïoli (siehe S. 180)

Saft von 1 Zitrone

4 Petersilienstängel, Blätter fein geschnitten

Salz und Pfeffer (nach Geschmack)

Rezept

Den Rosenkohl in einer Pfanne 5 Minuten in etwas Olivenöl anbraten.
Die Hitze verringern und die Röschen weitere 5 Minuten garen. Die Karotten
mit den Sultaninen mischen. Den Käse in kleine Würfel schneiden. Den Reis mit
Gemüsechips, Rosenkohl, Karotten, Gouda und der Aïoli auf zwei Tellern anrichten.
Mit dem Zitronensaft beträufeln, mit der Petersilie bestreuen und servieren.

LEICHTER COUSCOUS & TRAUBEN

Für 2 Personen

½ Romanesco, in Röschen zerteilt

10 Weintrauben, halbiert

Olivenöl

20 Petersilienstängel, Blätter fein geschnitten

80 g Couscous, gegart

100 g Spalterbsen, gegart

100 g grüne Linsen, gegart

4 EL Chermoula (siehe S. 178)

40 g Feta, zerbröckelt

Saft von ½ Zitrone

1 TL Chia-Samen

66

Rezept

Den Romanesco 5 Minuten dämpfen. Die Weintrauben in einer Pfanne in etwas
Olivenöl andünsten. Die Petersilie unter den Couscous mischen. Die Erbsen mit
den Linsen mischen. Den Romanesco mit dem Couscous, der Erbsen-Linsen-
Mischung, den Trauben, der Chermoula und dem Feta auf zwei Tellern anrichten.
Mit dem Zitronensaft beträufeln, mit den Chia-Samen bestreuen und servieren.

REIS & TOFU CHINESISCH

68

Für 2 Personen

6 EL Sojasauce

1 EL Cayennepfeffer

2 japanische Tofu-Bratfilets (Asia-Laden)

1 Ei

220 g gegarter gemischter Reis (etwa 150 g roher Reis)

1 Knoblauchzehe, fein gehackt

30 g Zuckerschoten

2 Karotten, in längliche Stücke geschnitten

20 g Sojasprossen

Saft von 1 Limette

69

Rezept

Den Backofen auf 180 °C vorheizen. In einem tiefen Teller 4 Esslöffel Sojasauce mit
dem Cayennepfeffer verrühren und die Tofuscheiben darin wenden. Den Tofu auf ein
mit Backpapier ausgelegtes Backblech legen und 10 Minuten im heißen Ofen garen.
Inzwischen das Ei in einer heißen Pfanne zu Rührei braten, anschließend den Reis und
den Knoblauch hinzufügen und 3 Minuten unter Rühren erhitzen. Den Eierreis mit den
Zuckerschoten, Karotten, Tofuscheiben und Sojasprossen auf zwei Tellern anrichten,
mit dem Limettensaft und je 1 Esslöffel Sojasauce beträufeln und servieren.

QUINOA & ROHES GEMÜSE

70

Für 2 Personen

½ milde Zwiebel, fein gewürfelt

Avocado-Öl

110 g Quinoa, gegart

4 Brokkoliröschen, halbiert

4 Blumenkohlröschen, halbiert

½ Avocado, entkernt und in Spalten geschnitten

9 Cocktailtomaten, halbiert

150 g Spalterbsen, gegart

4 EL Bohnencreme (siehe S. 170)

2 TL Chia-Samen

Salz und Pfeffer (nach Geschmack)

Rezept

Eine Pfanne heiß werden lassen, die Zwiebel darin in etwas Avocado-Öl goldgelb dünsten
und die gegarte Quinoa untermischen. Quinoa mit dem Brokkoli und Blumenkohl,
der Avocado, den Tomaten, den Erbsen und der Bohnencreme auf zwei Tellern anrichten.
Mit den Chia-Samen bestreuen, mit etwas Avocado-Öl beträufeln und servieren.

JAPANISCHES OMELETT

Für 2 Personen

2 Eier, verquirlt

Olivenöl

½ Zwiebel, in Ringe geschnitten

2 EL Sojasauce

½ Brokkoli, in Röschen zerteilt

110 g Bulgur, gegart

1 schwarzer Rettich, geschält und gewürfelt

4 EL grüner Gazpacho (siehe S. 176)

2 TL Hanfsamen

Sesamöl

Salz und Pfeffer (nach Geschmack)

Rezept

Eine Pfanne heiß werden lassen und die Eier in etwas Olivenöl in 5 Minuten zu einem
Omelett backen. In einer zweiten Pfanne die Zwiebel 5 Minuten in der Sojasauce andünsten.
Den Brokkoli 5 Minuten dämpfen. Das Omelett in fingerbreite Streifen schneiden. Den Bulgur
mit dem Omelett, dem Brokkoli, der Zwiebel, dem Rettich und dem Gazpacho auf zwei Tellern
anrichten. Mit den Hanfsamen bestreuen, mit etwas Sesamöl beträufeln und servieren.

AVOCADO-WRAPS

74

Für 2 Personen

2 Weizentortillas, geviertelt

20 g Spinatblätter

1 Knoblauchzehe, fein gehackt

110 g getrocknete kleine weiße Bohnen, gegart
  (oder 220 g abgetropfte Bohnen aus der Dose)

¼ Salatgurke, in Stäbchen geschnitten

1 TL Kreuzkümmel

Olivenöl

20 große Kalamata-Oliven oder andere schwarze Oliven

1 Avocado, entkernt und in Spalten geschnitten

4 EL Hummus

2 TL Leinsamen

10 Schnittlauchhalme, in Röllchen geschnitten

Salz und Pfeffer (nach Geschmack)

Rezept

Den Backofen auf 180 °C vorheizen und die Tortillas 8 Minuten im heißen Ofen aufbacken.
Inzwischen eine Pfanne heiß werden lassen und darin den Spinat mit dem Knoblauch
2 Minuten garen, bis die Blätter zusammenfallen. Anschließend die Bohnen untermischen.
Die Gurke mit dem Kreuzkümmel würzen und mit 2 Esslöffeln Olivenöl beträufeln. Die Tortillas
mit Gurke, Oliven, Avocado, Bohnen und Hummus auf zwei Tellern anrichten. Mit etwas
Olivenöl beträufeln, mit den Leinsamen und dem Schnittlauch bestreuen und servieren.

KARTOFFELSALAT & GRANATAPFEL

Für 2 Personen

4 neue Kartoffeln, gegart

2 EL Granatapfelkerne

2 Handvoll junge Spinatblätter

½ Salatgurke, in dünne Scheiben geschnitten

½ rote Zwiebel, in feine Halbringe geschnitten

125 g gemischte Getreidekörner, gegart

2 EL Ziegenfrischkäse

4 EL Chermoula (siehe S. 178)

2 TL kleine Kapern

2 TL Mandelstifte

2 EL Haselnussöl

Salz und Pfeffer (nach Geschmack)

Rezept

Die noch warmen Kartoffeln längs in Spalten schneiden. Mit den Granatapfelkernen, dem Spinat, der Gurke, der Zwiebel, dem Getreide, dem Frischkäse und der Chermoula auf zwei Tellern anrichten. Mit den Kapern und den Mandelstiften bestreuen, mit dem Haselnussöl beträufeln und servieren.

QUINOA & CAESAR-DRESSING

78

Für 2 Personen

1 Scheibe Brot

Olivenöl

2 Handvoll Zuckerschoten

Avocado-Öl

2 Handvoll Romanasalatblätter

110 g Quinoa, gegart

110 g getrocknete Kichererbsen, gegart
  (oder 220 g abgetropfte Kichererbsen aus der Dose)

2 EL Cashewkerne

2 EL Parmesanspäne

4 EL Caesar-Salatdressing

*am besten
von Juli bis
Dezember*

Rezept

Den Backofen auf 180 °C vorheizen. Das Brot mit Olivenöl beträufeln, auf ein mit Backpapier ausgelegtes Backblech legen und 10 Minuten im heißen Ofen rösten. Anschließend in kleine Croûtons schneiden. Die Zuckerschoten 5 Minuten in etwas Avocado-Öl andünsten. Die Salatblätter in mundgerechte Stücke zupfen und mit Quinoa, Kichererbsen und Zuckerschoten auf zwei Tellern anrichten. Mit den Croûtons, den Cashewkernen und den Parmesanspänen bestreuen, mit dem Caesar-Dressing beträufeln und servieren.

HERBSTLICHE QUINOA

80

Für 2 Personen

120 g Tofu, gewürfelt

Saft von 1 Zitrone

¼ Rotkohl, in feine Streifen geschnitten

2 TL Sultaninen

Olivenöl

3 Mangoldblätter, in Stücke geschnitten

110 g Quinoa, gegart

1 Birne, entkernt und in Spalten geschnitten

4 EL cremig-frische Kräutersauce (siehe S. 174)

2 TL Pekannusskerne, gehackt

Salz und Pfeffer (nach Geschmack)

Rezept

Den Backofen auf 180 °C vorheizen. In einer mit Backpapier ausgelegten Form den Tofu
in der Hälfte des Zitronensafts wenden und in der Form 15 Minuten im heißen Ofen rösten.
Inzwischen eine Pfanne heiß werden lassen und darin den Kohl mit den Sultaninen 6 Minuten
in etwas Olivenöl andünsten. Den Mangold 5 Minuten dämpfen. Die Quinoa mit der Kohl-
mischung, dem Mangold, der Birne, dem Tofu und der Kräutersauce auf zwei Tellern anrichten.
Mit den Nüssen bestreuen, mit dem restlichen Zitronensaft beträufeln und servieren.

HIRSE, LINSEN & BASILIKUMPESTO

Für 2 Personen

1 Bund Basilikum, Blätter abgezupft

1 Knoblauchzehe, grob gehackt

4 EL Pinienkerne

Saft von 1 Zitrone

9 Esslöffel Olivenöl

1 reife Avocado, Fruchtfleisch ausgelöst

1 große Schalotte, fein gewürfelt

1 Scheibe Roggenbrot, getoastet

110 g Hirse, gegart

110 g grüne Linsen, gegart

½ Salatgurke, quer in dünne Scheiben geschnitten

Salz

Rezept

Das Basilikum mit dem Knoblauch, den Pinienkernen, der Hälfte des Zitronensafts
und 8 Esslöffeln Olivenöl pürieren. Die Avocado mit der Hälfte der Schalottenwürfel,
etwas Zitronensaft und 1 Prise Salz grob mit einer Gabel zerdrücken. Das Brot
damit bestreichen und halbieren. Die Hirse mit Linsen, Gurke, Brot und dem
Basilikumpesto auf zwei Tellern anrichten. Mit der restlichen Schalotte bestreuen,
mit dem übrigen Zitronensaft und Olivenöl beträufeln und servieren.

LINSEN AUF INDISCHE ART

84

Für 2 Personen

2 kleine Naan-Brote

4 kleine Karotten

6 EL Erbsen

Olivenöl

3 EL vegane Currysauce

100 g gemischte Linsen, gegart

2 Handvoll junge Spinatblätter

½ Mango, geschält und in Spalten geschnitten

4 EL vegane Chermoula (siehe S. 178)

2 TL Blaumohn

Salz und Pfeffer (nach Geschmack)

Rezept

Den Backofen auf 180 °C vorheizen und die Naan-Brote 10 Minuten im heißen Ofen
aufbacken. Die Karotten in Stücke schneiden, 5 Minuten dämpfen und anschließend
mit den Erbsen in einer heißen Pfanne in etwas Olivenöl andünsten. Nach 5 Minuten
die Currysauce unterrühren. Die Linsen mit Karotten, Naan, Spinat, Mango und der
Chermoula auf zwei Tellern anrichten. Mit dem Mohn bestreuen und servieren.

FRÜHLINGSTELLER

Für 2 Personen

4 Frühlingszwiebeln, geputzt

15 Radieschen, halbiert

Avocado-Öl

125 g Weizenkörner, gegart

1 Selleriestange, quer in dünne Scheiben geschnitten

2 kleine Crottins de chèvre (französischer Weichkäse
   aus Ziegenmilch), halbiert

1 Ei, hart gekocht und gehackt

8 Pekannuskerne, gehackt

4 EL Vinaigrette

Salz und Pfeffer (nach Geschmack)

Rezept

Die Frühlingszwiebeln 6 Minuten dämpfen. Eine Pfanne heiß werden lassen und darin
die Radieschen 3 Minuten in etwas Avocado-Öl andünsten. Den Weizen mit Radieschen,
Frühlingszwiebeln, dem Sellerie, dem Käse und dem gehackten Ei auf zwei Tellern
anrichten. Mit den Nüssen bestreuen, mit der Vinaigrette beträufeln und servieren.

VOLLKORNREIS & AUSTERNPILZE

88

Für 2 Personen

1 japanisches Tofu-Bratfilet (Asia-Laden), gewürfelt

4 EL Sojasauce

½ rote Paprikaschote, in Streifen geschnitten

4 große Austernpilze, in Streifen geschnitten

1 kleines Stück Ingwer, geschält und in feine Stifte geschnitten

Olivenöl

7 Rosenkohlröschen, geviertelt

2 EL Avocado-Öl

220 g gegarter Vollkornreis (etwa 110 g roher Reis)

4 EL cremig-frische Kräutersauce (siehe S. 174)

2 TL Cashewkerne

Saft von ½ Limette

Salz und Pfeffer (nach Geschmack)

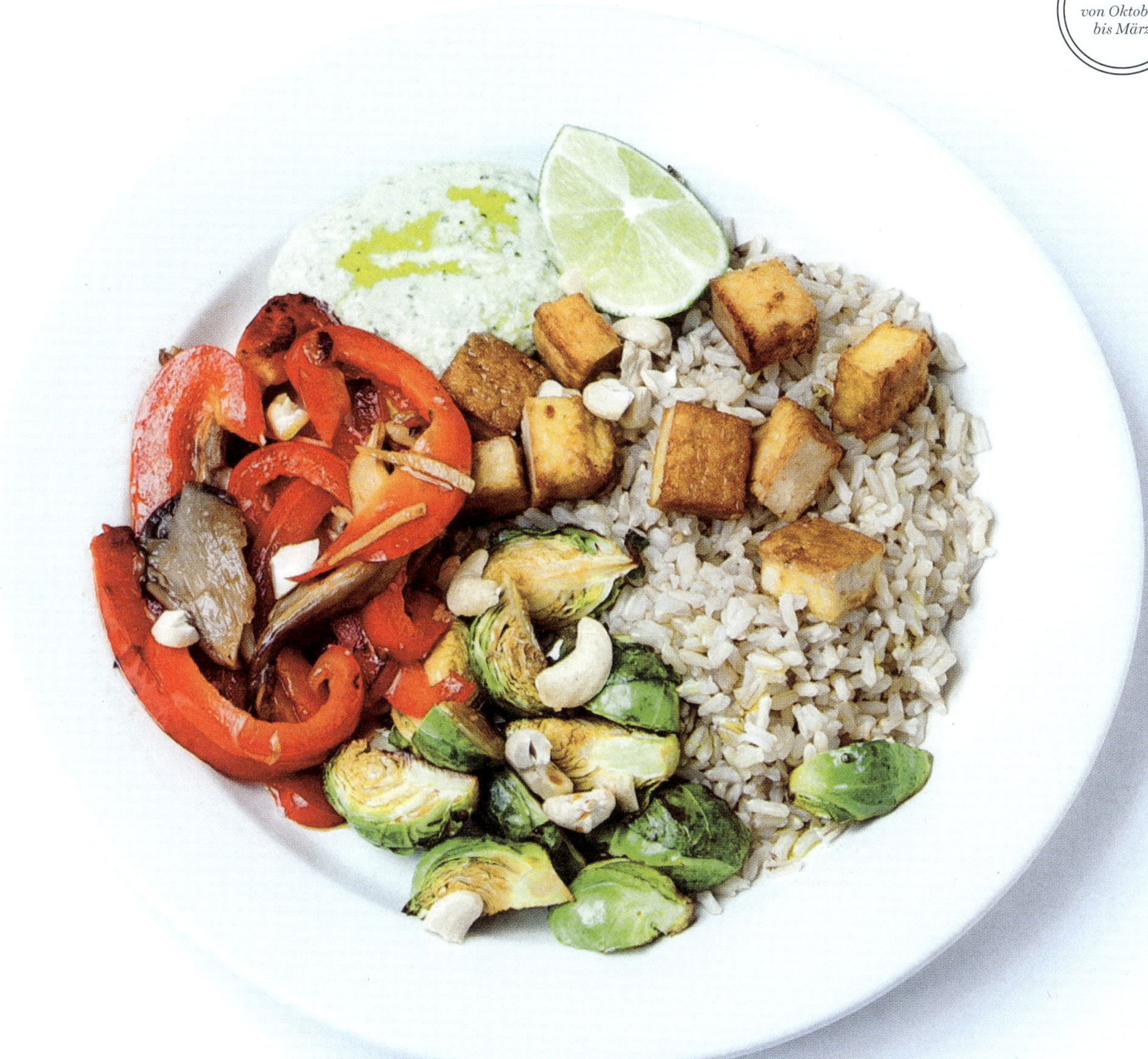

am besten
von Oktober
bis März

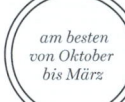

Rezept

Den Backofen auf 200 °C vorheizen. Die Tofuwürfel in einer mit Backpapier ausgelegten Form in der Sojasauce wenden und den Tofu in der Form 10 Minuten im heißen Ofen rösten. Inzwischen eine Pfanne heiß werden lassen und die Paprikaschote mit den Austernpilzen und dem Ingwer 10 Minuten in etwas Olivenöl braten. Den Rosenkohl in einer zweiten Pfanne 5 Minuten im Avocado-Öl andünsten. Den Reis mit dem Gemüse, dem Tofu und der Kräutersauce auf zwei Tellern anrichten. Mit den Cashewkernen bestreuen, mit dem Limettensaft beträufeln und servieren.

BUCHWEIZEN, KIRSCHEN & RUCOLA

90

Für 2 Personen

2 Scheiben Vollkornbrot

1 EL Balsamico-Essig

1 TL Olivenöl

½ Schalotte, fein gewürfelt

110 g Buchweizen, gegart

150 g grüne Linsen, gegart

2 große Handvoll zarte Rucolablätter

1 EL Ricotta

12 Kirschen, entkernt

3 TL grob gehackte Walnusskerne

4 EL Vinaigrette

Rezept

Den Backofen auf 180 °C vorheizen. Die Brote mit je ½ Esslöffel Balsamico-Essig und
½ Teelöffel Olivenöl beträufeln, auf ein mit Backpapier ausgelegtes Backblech legen
und 10 Minuten im heißen Ofen rösten. Die Schalotte unter den Buchweizen mischen.
Die Linsen mit Buchweizen, Rucola, Brot, Ricotta und Kirschen auf zwei Tellern
anrichten. Mit den Nüssen bestreuen, mit der Vinaigrette beträufeln und servieren.

BULGUR & GEBRATENER SALAT

Für 2 Personen

1 Romanasalatherz, halbiert

Olivenöl

1 Pastinake, geschält und in Scheiben geschnitten

110 g Bulgur, gegart

8 Radieschen, in Scheiben geschnitten

10 Schnittlauchhalme, in Röllchen geschnitten

2 TL Chia-Samen

2 Eier, hart gekocht und gehackt

4 EL Vinaigrette

Salz und Pfeffer (nach Geschmack)

Rezept

Eine Pfanne heiß werden lassen und die Salathälften mit den Schnittflächen nach unten
5 Minuten in etwas Olivenöl anbraten. Die Pastinake 5 Minuten dämpfen. Den Bulgur mit
dem Salat, der Pastinake und den Radieschen auf zwei Tellern anrichten. Mit Schnittlauch,
Chia-Samen und den gehackten Eiern bestreuen, mit der Vinaigrette beträufeln und servieren.

GEBRATENES GEMÜSE & KREUZKÜMMEL

94

Für 2 Personen

½ Aubergine, längs in Scheiben geschnitten

½ Fenchelknolle, in feine Streifen geschnitten

2 TL gemahlener Kreuzkümmel

1 Knoblauchzehe, geschält

4 EL Olivenöl

4 EL Bohnenkerne von Dicken Bohnen

Schale und Saft von ½ unbehandelten Zitrone

¼ milde Zwiebel, fein gewürfelt

110 g Couscous, gegart

4 EL vegane Chermoula (siehe S. 178)

6 Minzeblätter, grob gehackt

Salz und Pfeffer (nach Geschmack)

vegan

Rezept

Den Backofen auf 200 °C vorheizen. In einer mit Backpapier ausgelegten Form die Aubergine und die Hälfte des Fenchels mit Kreuzkümmel bestreuen. Den Knoblauch darüberreiben, das Gemüse mit dem Olivenöl beträufeln und 10 Minuten im heißen Ofen garen. Inzwischen eine Pfanne heiß werden lassen und darin die Bohnenkerne mit Zitronenschale und -saft 2 Minuten andünsten. Die Zwiebel unter den Couscous mischen. Den Couscous mit dem rohen und gebratenen Gemüse und der Chermoula auf zwei Tellern anrichten. Mit der Minze bestreuen, mit Olivenöl beträufeln und servieren.

SOUL FOOD

Wer sich vegetarisch ernährt, lebt keineswegs „auf Diät".
Dieser Tatsache soll in diesem Kapitel Rechnung getragen
werden. Denn auch Vegetarier sind Genießer, die sich gern mal
die ein oder andere kleine Sünde gönnen. Einen Schuss Sahne
vielleicht oder überbackenen Käse ... Eine besondere Delikatesse
ist aber auch im Ofen geröstetes Gemüse – genau das Richtige für
kalte Winterabende und natürlich für alle, die gutes Essen lieben.

GNOCCHI & KRÄUTER-JOGHURT-SAUCE

Für 2 Personen

2 EL Sojasauce

2 EL süße Sojasauce

200 g abgetropfte Schwarzwurzeln (aus dem Glas)

100 g Tofu, in Scheiben geschnitten

4 EL Frischkäse

1 kleiner Becher Schafsmilchjoghurt natur (150 g)

10 Petersilienblätter, fein geschnitten

10 Basilikumblätter, fein geschnitten

20 Schnittlauchhalme, in Röllchen geschnitten

15 kleine braune Champignons, halbiert

Leinsamenöl

2 Mangoldblätter

200 g frische Spinat-Gnocchi

1 Birne, entkernt und in Spalten geschnitten

Salz und Pfeffer (nach Geschmack)

Rezept

Die Sojasaucen miteinander verrühren. Die Schwarzwurzeln und den Tofu 10 Minuten
darin marinieren, anschließend 5 Minuten zusammen in einer sehr heißen Pfanne braten.
Den Frischkäse mit dem Joghurt glatt rühren. Die Kräuter untermischen, vorher ein paar Kräuter
zum Garnieren beiseitelegen, und die Joghurtsauce mit 1 Prise Salz würzen. Die Champignons in
etwas Leinsamenöl goldbraun braten. Den Mangold 5 Minuten dämpfen. Die Gnocchi 5 Minuten in
kochendem Wasser garen und mit einem Schaumlöffel herausheben. Gnocchi mit Schwarzwurzeln
und Tofu, Champignons, Mangold, Birne und der Kräuter-Joghurt-Sauce auf zwei Tellern
anrichten. Mit etwas Leinsamenöl beträufeln, mit den übrigen Kräutern bestreuen und servieren.

LIBANON-LUNCH

Für 2 Personen

2 rote Paprikaschoten

1 Zwiebel, fein gewürfelt

Olivenöl

2 Knoblauchzehen, fein gehackt

1 TL gemahlener Kreuzkümmel

100 g passierte Tomaten

6 Falafelbällchen, goldbraun gebacken

200 g Feta, in Scheiben geschnitten

1 Orange, geschält und in dünne Scheiben geschnitten

½ Salatgurke, quer in dünne Scheiben geschnitten

2 kleine Pita-Brote

4 EL Hummus

1 TL Kreuzkümmelsamen

10 Korianderstängel, Blätter fein geschnitten

Salz und Pfeffer (nach Geschmack)

Rezept

Den Backofen auf 200 °C vorheizen und die ganzen Paprikaschoten 30 Minuten
im heißen Ofen rösten. Die Haut der Schoten abziehen, Stiele, Kerne und Trennwände
entfernen und das Fruchtfleisch vierteln. In einer Pfanne die Zwiebel in 1 Esslöffel
Olivenöl andünsten. Paprikaschoten, Knoblauch und gemahlenen Kreuzkümmel zufügen
und 3 Minuten unter Rühren anbraten. Die passierten Tomaten einrühren und 5 Minuten
bei schwacher Hitze köcheln lassen. Die lauwarmen Falafelbällchen mit dem Paprikagemüse,
dem Feta, der Orange, der Gurke, den Broten und dem Hummus auf zwei Tellern anrichten.
Mit den Kreuzkümmelsamen und dem Korianderblättern bestreuen und servieren.

BOHNEN-KARTOFFEL-SALAT

Für 2 Personen

½ Salatgurke, quer in dünne Scheiben geschnitten

2 EL weißer Tafelessig (Branntweinessig)

12 kleine festkochende Kartoffeln

2 Tomaten, halbiert

2 EL Gomasio (japanisches Sesamsalz)

100 g getrocknete kleine weiße Bohnen, gegart
  (oder 200 g abgetropfte Bohnen aus der Dose)

4 EL Kopanisti (griechische Feta-Paprika-Creme)

10 Petersilienstängel, Blätter abgezupft

Olivenöl

Rezept

Den Backofen auf 180 °C vorheizen. Die Gurkenscheiben 10 Minuten im Essig marinieren.
Die Kartoffeln weich dämpfen. Die Tomaten mit dem Gomasio bestreuen und auf einem mit
Backpapier ausgelegten Backblech 15 Minuten im heißen Ofen rösten. Die noch lauwarmen
Kartoffeln mit den Bohnen, abgetropften Gurkenscheiben, Tomaten und der Feta-Paprika-Creme
auf zwei Tellern anrichten. Mit der Petersilie bestreuen, mit etwas Olivenöl beträufeln und servieren.

SAHNIGE RAVIOLI & KÜRBIS

Für 2 Personen

2 Lauchstangen, weiße und hellgrüne Abschnitte,
   quer in Röllchen geschnitten

Olivenöl

½ Butternusskürbis, geschält und entkernt

2 Platten Ravioles du Dauphiné,
   alternativ 120 g frische Käse-Ravioli

2 EL Sahne

2 EL geriebener Parmesan

75 g getrocknete Flageolet-Bohnenkerne, gegart
   (oder 150 g abgetropfte Bohnenkerne aus der Dose)

2 TL Mandelblättchen, geröstet

4 Salbeiblätter, fein geschnitten

Saft von 1 Zitrone

Salz und Pfeffer (nach Geschmack)

am besten
von Oktober
bis März

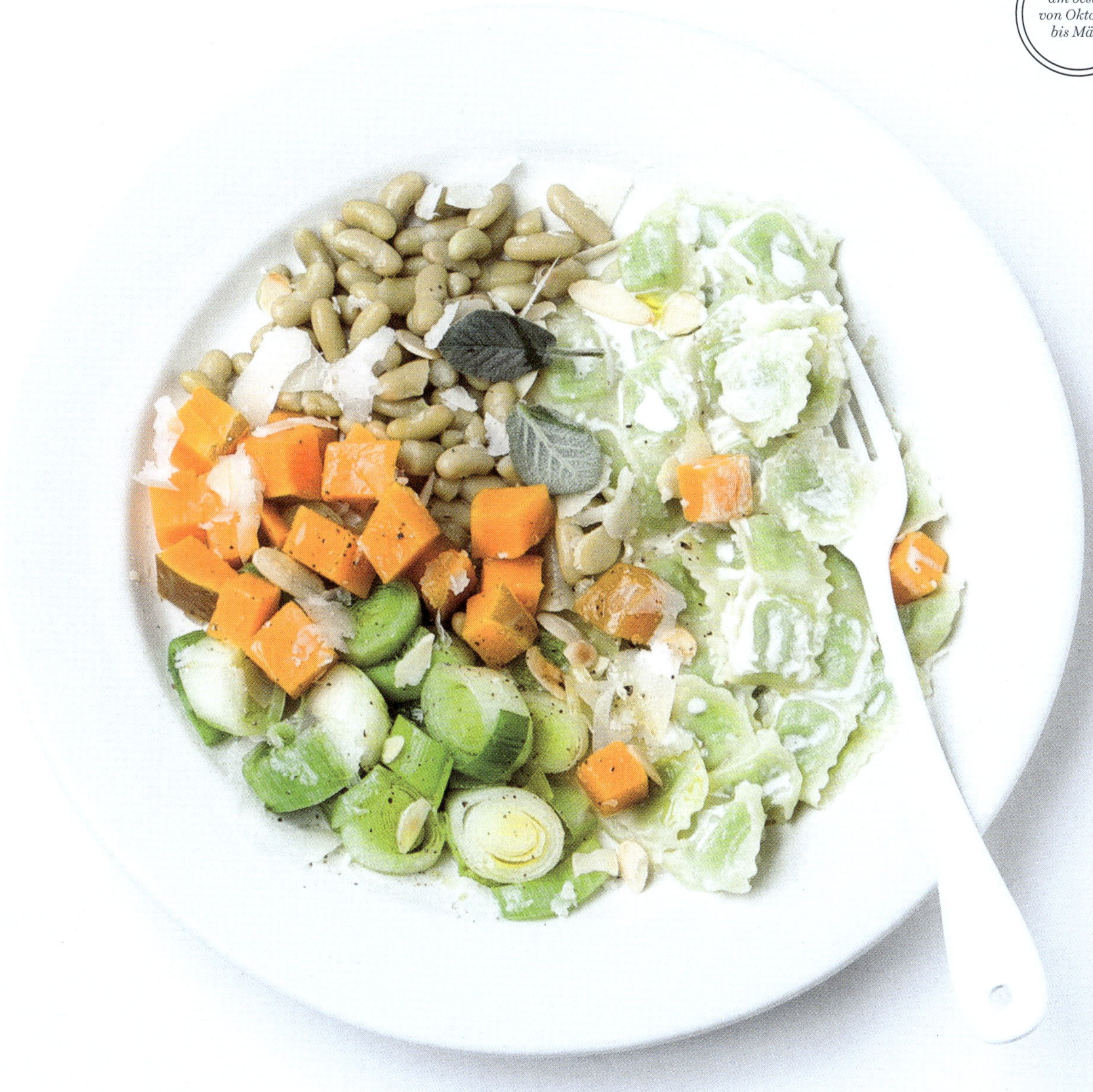

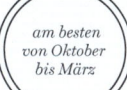

Rezept

Den Lauch in einer Pfanne 10 Minuten in etwas Olivenöl dünsten. Den Kürbis würfeln und 10 Minuten dämpfen. Die Ravioles du Dauphiné 1 Minute in kochendem Wasser garen (die Käse-Ravioli nach Packungsanweisung). Die Sahne mit dem Parmesan verrühren. Die Ravioli mit Lauch, Kürbis und Bohnen auf zwei Tellern anrichten. Mit den Mandelblättchen und dem Salbei bestreuen, mit der Parmesansahne, etwas Olivenöl und Zitronensaft beträufeln und servieren.

MUNTERMACHER & SPIEGELEI

Für 2 Personen

1 Zwiebel, fein gewürfelt

Olivenöl

1 Tomate, gewürfelt

40 g Feta, zerbröckelt

3 EL Bohnenkerne von Dicken Bohnen, gegart

3 EL Erbsen, gegart

4 EL Quark

2 TL gemahlener Kreuzkümmel

2 Eier

110 g Couscous, gegart

8 Petersilienblätter, fein geschnitten

3 EL Pistazienkerne

Rezept

In einer Pfanne die Zwiebel in etwas Olivenöl hellbraun dünsten. Die Tomate mit dem
Feta mischen. Die Bohnen und die Erbsen vermengen. Den Quark mit dem Kreuzkümmel
verrühren. Die Eier zu Spiegeleiern braten. Den Couscous mit der Tomaten-Feta-Mischung,
Bohnen und Erbsen, der Zwiebel, dem Quark und den Spiegeleiern auf zwei Tellern anrichten.
Mit Petersilie und Pistazien bestreuen, mit etwas Olivenöl beträufeln und servieren.

TEX-MEX-POMMES

108

Für 2 Personen

400 g tiefgekühlte Pommes frites

2 TL gemahlener Kreuzkümmel

2 TL gemahlene Chilis

1 Zwiebel, fein gewürfelt

Olivenöl

1 kleine Dose Mais, Maiskörner abgetropft

200 g gegarter weißer Reis (etwa 130 g roher Reis)

150 g getrocknete kleine weiße Bohnen, gegart
   (oder 300 g abgetropfte Bohnen aus der Dose)

4 EL Guacamole

1 Stück Cheddar, in Späne gehobelt

einige Korianderblätter

1 rote Chilischote, in Ringe geschnitten

Salz und Pfeffer (nach Geschmack)

Rezept

Die Pommes frites mit Kreuzkümmel und gemahlenen Chilis bestreuen und nach Packungsanweisung im Backofen knusprig backen. Die Zwiebel in etwas Olivenöl andünsten. Den Mais dazugeben und 5 Minuten garen. Die Pommes frites mit Reis, Bohnen, der Mais-Zwiebel-Mischung und der Guacamole auf zwei Tellern anrichten. Mit dem Käse, dem Koriander und den Chiliringen bestreuen und servieren.

KARTOFFELN ALLA CARBONARA

110

Für 2 Personen

2 festkochende Kartoffeln

1 EL Crème fraîche

30 g Pecorino, gerieben

2 EL Zitronensaft und ½ Zitrone

2 TL Senf

4 EL Olivenöl

75 g getrocknete Kichererbsen, gegart

(oder 150 g abgetropfte Kichererbsen aus der Dose)

2 Handvoll Feldsalat

½ Salatgurke, gewürfelt

2 ganz frische Eigelb

2 EL grob gehackte Haselnüsse

Salz und Pfeffer (nach Geschmack)

Rezept

Die Kartoffeln schälen, in feine Streifen (Julienne) schneiden und 10 Minuten dämpfen.
Die Crème fraîche erwärmen, dann den Pecorino und danach behutsam die Kartoffelstreifen
unterrühren. Den Zitronensaft mit Senf und Olivenöl zu einem Dressing verrühren, die Zitro-
nenhälfte noch einmal halbieren Die Kartoffel-Käse-Creme mit Kichererbsen, Feldsalat,
Gurkenwürfeln, Zitronenviertel und den Eigelben auf zwei Tellern anrichten. Feldsalat und
Gurke mit dem Senfdressing beträufeln, mit den Nüssen bestreuen und servieren.

MEDITERRANE PASTA

112

Für 2 Personen

1 große Zucchini, der Länge nach halbiert
  und quer in dünne Scheiben geschnitten
Olivenöl
4 kleine Tomaten, gewürfelt
6 Basilikumblätter, fein geschnitten
220 g getrocknete Kidneybohnen, gegart

(oder 450 g abgetropfte Bohnen aus der Dose)
100 g Orechiette, gegart
4 EL vegane Aïoli (siehe S. 180)
1 kleines Stück Parmesan, gerieben
Avocado-Öl
Salz und Pfeffer (nach Geschmack)

Rezept

Die Zucchini in einer Pfanne in etwas Olivenöl anbraten. Die Tomaten mit dem Basilikum
mischen. Die Bohnen mit den Zucchini, den Nudeln, den Tomaten und der Aïoli auf zwei Tellern
anrichten. Mit dem Parmesan bestreuen, mit etwas Avocado-Öl beträufeln und servieren.

GEBRATENE BIRNEN & ZIEGENKÄSE

Für 2 Personen

2 Birnen, halbiert und entkernt

2 Fenchelknollen, geviertelt

Olivenöl

2 Buchweizenpfannkuchen, in Streifen geschnitten

2 Grünkohlblätter, gehackt

2 Ziegenkäse (z. B. Rocamadour), halbiert

2 EL Pinienkerne, geröstet

2 TL Honig

Balsamico-Essig

Salz und Pfeffer (nach Geschmack)

am besten von Oktober bis März

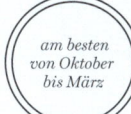

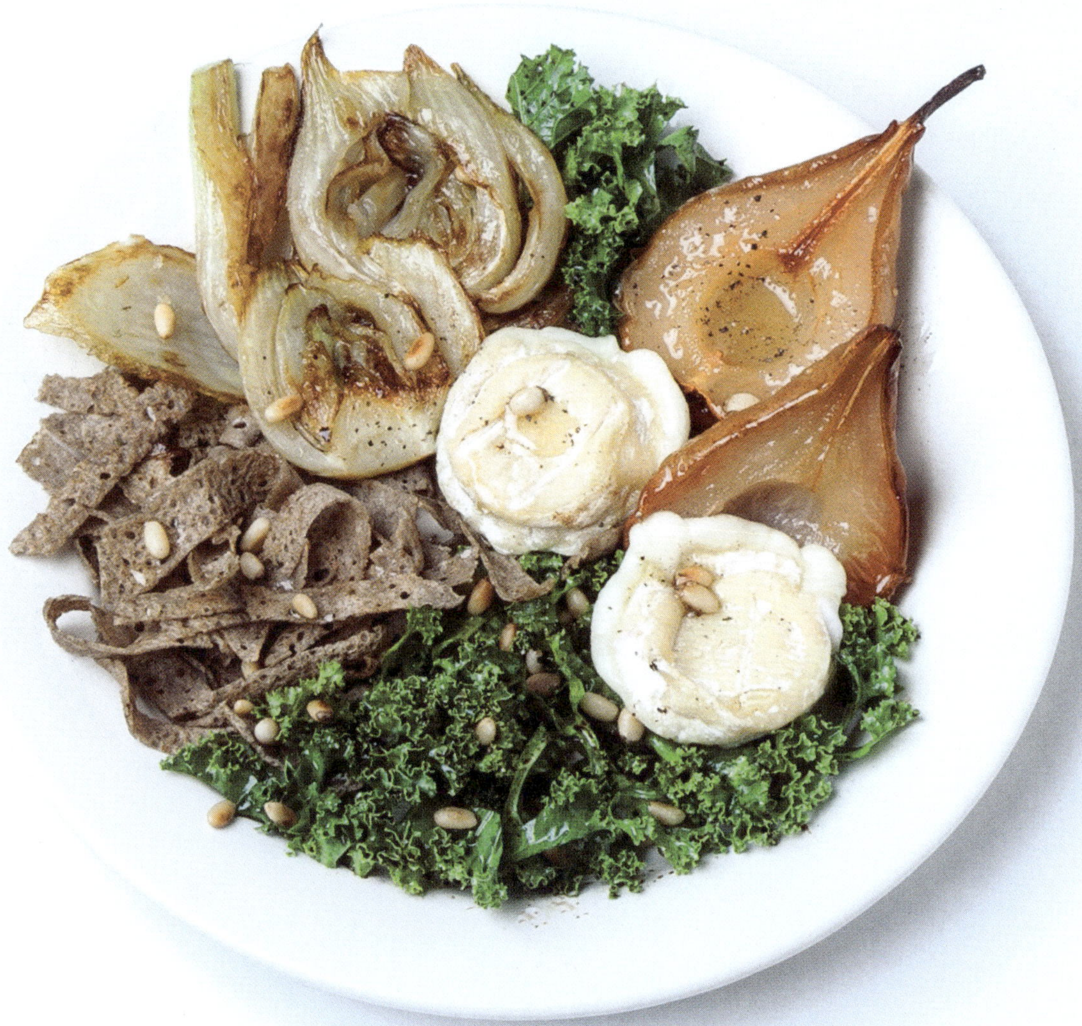

Rezept

Den Backofen auf 200 °C vorheizen und die Birnen mit den Schnittflächen nach unten auf einem mit Backpapier ausgelegten Backblech 20 Minuten im heißen Ofen garen. Inzwischen eine Pfanne heiß werden lassen und den Fenchel 5 Minuten in etwas Olivenöl braten, bis er goldbraun ist. Herausnehmen und die Buchweizenpfannkuchen 5 Minuten in der Pfanne knusprig aufbacken. Die Birnen mit Pfannkuchen, Fenchel, dem Grünkohl und dem Ziegenkäse auf zwei Tellern anrichten. Mit den Pinienkernen bestreuen, mit Honig und Balsamico-Essig beträufeln und servieren.

COUSCOUS AUF JAPANISCHE ART

116

Für 2 Personen

1 Nori-Blatt, in Stücke geschnitten

Olivenöl

100 g Tofu, gewürfelt

5 Mairüben, in Stücke geschnitten

8 grüne Spargelstangen

½ Schalotte, fein gewürfelt

½ Tomate, fein gewürfelt

100 g Couscous, gegart

4 EL Guacamole

3 TL Kürbiskernöl

2 EL Kürbiskerne

Salz (nach Geschmack)

Rezept

Den Backofen auf 180 °C vorheizen. Die Nori-Stücke auf einem mit Backpapier ausgelegten
Backblech verteilen, mit etwas Olivenöl bepinseln und salzen. Die Tofuwürfel ebenfalls
aufs Blech geben und alles 10 Minuten im heißen Ofen rösten. Die Rüben 10 Minuten dämpfen.
Inzwischen etwas Olivenöl in einer Pfanne erhitzen, die Spargelstangen leicht salzen und
5 Minuten im heißen Öl anbraten. Die Schalotte und die Tomate unter den Couscous mischen.
Den Couscous mit Spargel, Rüben, Nori, Tofu und der Guacamole auf zwei Tellern anrichten.
Mit dem Kürbiskernöl beträufeln, mit den Kürbiskernen bestreuen und servieren.

BUCHWEIZEN, KÜRBIS & APRIKOSEN

Für 2 Personen

5 Aprikosen, halbiert und entsteint
  (außerhalb der Saison getrocknete Aprikosen ohne Stein verwenden)

120 g Tofu (nach Möglichkeit mit Kräutern), in Stücke geschnitten

2 EL Avocado-Öl

4 EL Agavendicksaft

2 Thymianzweige, Blättchen abgezupft

2 kleine Butternusskürbisse, der Länge nach halbiert, geschält und entkernt

½ rote Zwiebel, fein gewürfelt

120 g Buchweizen, gegart

4 EL grüner Gazpacho (siehe S. 176)

20 g blanchierte Mandelkerne, geröstet

Salz und Pfeffer (nach Geschmack)

Rezept

Den Backofen auf 200 °C vorheizen. Die frischen Aprikosen und den Tofu auf einem mit
Backpapier ausgelegten Backblech verteilen, mit Avocado-Öl und Agavendicksaft beträufeln,
mit Thymian bestreuen und 15 Minuten im heißen Ofen garen. Werden getrocknete Aprikosen
verwendet, diese im Backofen nur kurz erwärmen. Die Kürbishälften 15 Minuten dämpfen.
Die Zwiebel unter den Buchweizen mischen. Den Buchweizen mit Aprikosen, Tofu, Kürbissen
und dem Gazpacho auf zwei Tellern anrichten. Mit den Mandeln bestreuen und servieren.

SOBA SOBA

Für 2 Personen

2 Scheiben Tofu,
 in fingerdicken Streifen
Olivenöl
250 g schwarze Reisnudeln
 (Asia-Laden), gegart
3 EL vietnamesische Fischsauce (Nuoc Mam)
½ Spitzkohl, in Streifen geschnitten
2 Minzestängel, Blätter fein geschnitten

110 g getrocknete kleine weiße Bohnen, gegart
 (oder 220 g abgetropfte Bohnen aus der Dose)
4 EL Guacamole
4 EL Sprossen
3 TL Avocado-Öl
2 EL Erdnüsse
Salz und Pfeffer (nach Geschmack)

Rezept

Eine Pfanne heiß werden lassen und den Tofu darin in etwas Olivenöl goldgelb braten.
Die Reisnudeln mit der Fischsauce mischen. In einer zweiten heißen Pfanne den Kohl
in etwas Olivenöl andünsten. Die Minze unter die Bohnen mischen. Die Reisnudeln
mit Bohnen, Tofu, Kohl, der Guacamole und den Sprossen auf zwei Tellern anrichten.
Mit etwas Avocado-Öl beträufeln, mit den Erdnüssen bestreuen und servieren.

BLUMENKOHL & FRITTEN

122

Für 2 Personen

3 Kartoffeln, in Spalten geschnitten

Olivenöl

12 Blumenkohlröschen

60 g Roquefort, zerbröckelt

6 Petersilienstängel,
  Blätter fein geschnitten

100 g Quinoa, gegart

120 g Tofu, in Stücke geschnitten

4 EL Walnusskerne

4 EL Vinaigrette (mit körnigem Senf zubereitet)

Salz und Pfeffer (nach Geschmack)

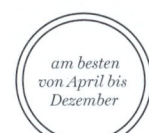

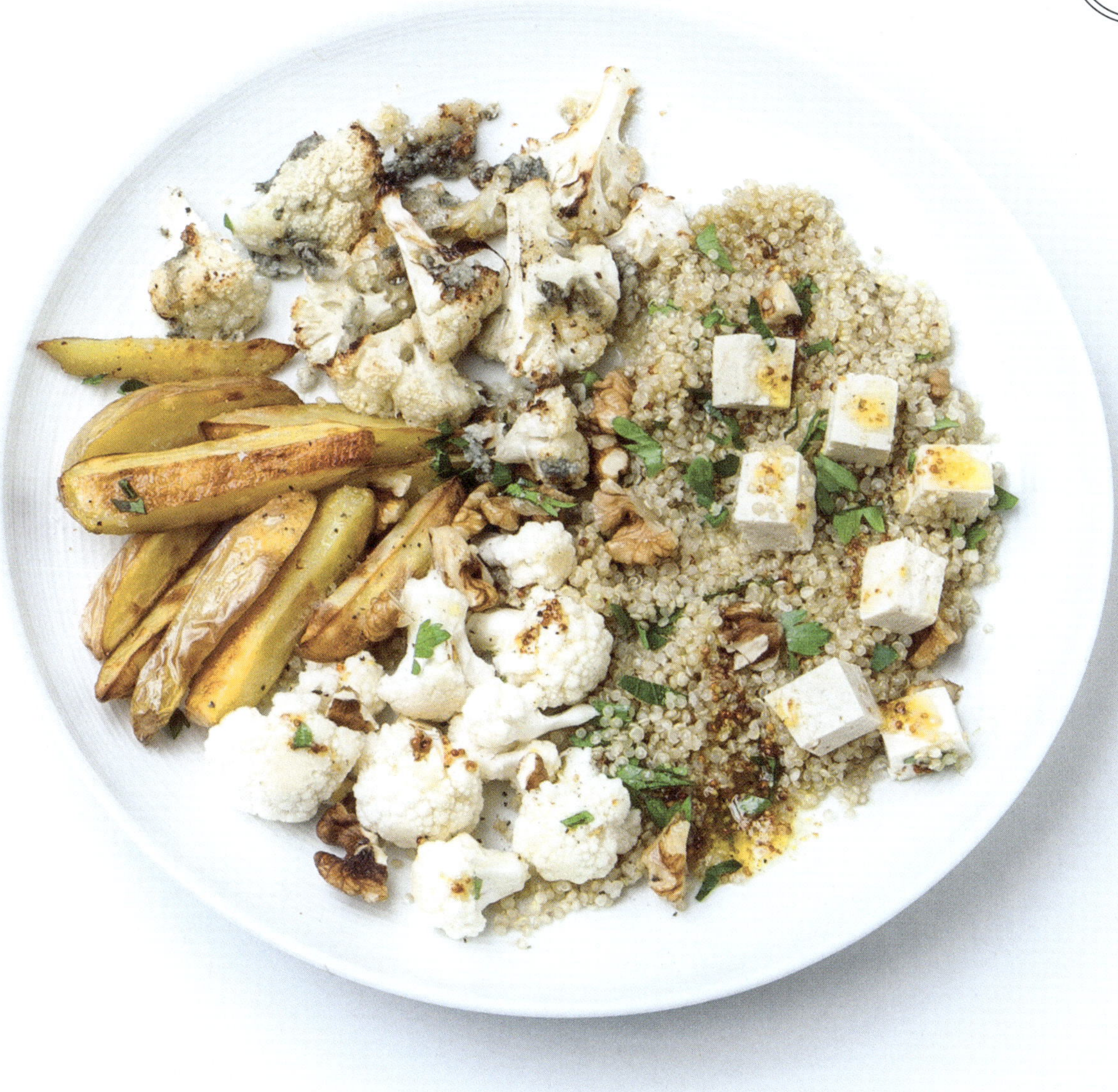

am besten von April bis Dezember

Rezept

Den Backofen auf 180 °C vorheizen. Die Kartoffelspalten auf einem mit Backpapier ausgelegten Backblech verteilen, mit etwas Olivenöl beträufeln und 15 Minuten im heißen Ofen backen. Inzwischen in einer Pfanne die Hälfte des Blumenkohls mit dem zerbröckelten Roquefort in etwas Olivenöl in 15 Minuten goldbraun braten. Drei Viertel der Petersilie unter die Quinoa mischen. Die Fritten mit gebratenem und rohem Blumenkohl, Quinoa, Tofu und Walnüssen auf zwei Tellern anrichten. Mit der Vinaigrette beträufeln, mit der restlichen Petersilie bestreuen und servieren.

GEFÜLLTE CHAMPIGNONS & POLENTA

124

Für 2 Personen

4 braune Champignons,
  gesäubert, Stiele herausgedreht

30 g Feta, zerbröckelt

4 EL Olivenöl

220 g gegarte, fest gewordene Polenta,
  in 4 Stücke geschnitten (von etwa 80 g Maisgrieß)

1 Salbeiblatt

1 Knoblauchzehe, fein gehackt

200 g getrocknete kleine weiße Bohnen, gegart
  (oder 400 g abgetropfte Bohnen aus der Dose)

1 große Handvoll zarte Rucolablätter

2 Tomaten, in Scheiben geschnitten

4 EL Tomatenkaviar, alternativ Pesto aus
  getrockneten Tomaten

3 Petersilienstängel, Blätter gehackt

10 g Pinienkerne

Salz und Pfeffer (nach Geschmack)

Rezept

Den Backofen auf 200 °C vorheizen. Die Pilzhüte mit dem Feta füllen, mit etwas Olivenöl
beträufeln, auf ein mit Backpapier ausgelegtes Backblech setzen und 10 Minuten im
heißen Ofen überbacken. Inzwischen eine Pfanne heiß werden lassen und die Polentastücke
mit dem Salbeiblatt 7 Minuten in etwas Olivenöl goldbraun braten. Den Knoblauch
zufügen und alles weitere 3 Minuten braten. Die Polenta mit Bohnen, Champignons,
Rucola, Tomatenscheiben und Tomatenkaviar auf zwei Tellern anrichten. Mit Petersilie
und Pinienkernen bestreuen, mit etwas Olivenöl beträufeln und servieren.

VOLLKORNREIS, BROKKOLI & DINKELSAHNE

126

Für 2 Personen

3 Schalotten, geschält und längs halbiert

Olivenöl

8 Brokkoliröschen

1 Knoblauchzehe, fein gehackt

150 g Dinkelsahne zum Kochen

2 Tomaten, in Scheiben geschnitten

2 EL Balsamico-Essig

3 Petersilienstängel, Blätter gehackt

220 g Vollkornreis, gegart

75 g getrocknete Flageolet-Bohnenkerne, gegart
  (oder 150 g abgetropfte Bohnenkerne aus der Dose)

2 EL Kürbiskerne

2 EL Leinsamenöl

Salz und Pfeffer (nach Geschmack)

Rezept

Den Backofen auf 180 °C vorheizen. Die Schalotten auf einem mit Backpapier ausgelegten
Backblech verteilen, mit etwas Olivenöl beträufeln und 15 Minuten im heißen Ofen
garen. Inzwischen eine Pfanne heiß werden lassen und den Brokkoli darin in 7 Minuten
in etwas Olivenöl bräunen. Den Knoblauch und die Dinkelsahne einrühren und 3 Minuten
erhitzen. Die Tomaten mit dem Essig anmachen. Die Petersilie unter den Reis mischen.
Den Reis mit Brokkoli, Tomaten, Schalotten und Bohnen auf zwei Tellern anrichten.
Mit den Kürbiskernen bestreuen, mit dem Leinsamenöl beträufeln und servieren.

SPITZKOHL & ERDNUSSCREME

128

Für 2 Personen

120 g Tofu, in 4 Scheiben geschnitten

½ Spitzkohl, in Streifen geschnitten

Olivenöl

2 EL Erdnusscreme

220 g Vollkornreis, gegart

½ Banane, in Scheiben geschnitten

½ Apfel, entkernt und in feine Spalten geschnitten

4 EL cremig-frische Kräutersauce (siehe S. 174)

2 TL Kürbiskerne

2 TL Sultaninen

Salz und Pfeffer (nach Geschmack)

Rezept

Den Backofen auf 200 °C vorheizen. Den Tofu 10 Minuten im heißen Ofen backen, bis er goldbraun ist. Eine Pfanne heiß werden lassen und den Kohl darin 2 Minuten in etwas Olivenöl goldgelb andünsten. Anschließend die Erdnusscreme einrühren. Den Reis mit Bananenscheiben, Apfelspalten, Kohl, Tofu und der Kräutersauce auf zwei Tellern anrichten. Mit den Kürbiskernen und den Sultaninen bestreuen und servieren.

KARTOFFELPUFFER & KRAUTSALAT

130

Für 2 Personen

2 Kartoffeln, geraspelt

Olivenöl

100 g Quinoa, gegart

¼ Weißkohl, fein gehobelt

2 kleine Karotten, in dünne Scheiben geschnitten

½ rote Zwiebel, in feine Halbringe geschnitten

30 g Cheddar, in Stücke geschnitten

4 EL Mayonnaise

6 Petersilienstängel, Blätter fein geschnitten

Saft von ½ Zitrone

Salz und Pfeffer (nach Geschmack)

*schmeckt
zu jeder
Jahreszeit*

Rezept

Aus den geraspelten Kartoffeln 2 flache Puffer formen. In einer Pfanne etwas Olivenöl erhitzen und die Puffer im heißen Öl auf beiden Seiten goldbraun und knusprig braten. Die Kartoffelpuffer mit der Quinoa, dem Kohl, den Karotten, der Zwiebel, dem Käse und der Mayonnaise auf zwei Tellern anrichten. Mit der Petersilie bestreuen, mit etwas Zitronensaft beträufeln und servieren.

SAMOSA

132

Für 2 Personen

2 Süßkartoffeln, geschält

Olivenöl

2 Samosas mit Gemüsefüllung
 (indische Teigtaschen)

8 getrocknete Aprikosen ohne Stein, klein geschnitten

90 g Couscous, gegart

4 EL griechischer Naturjoghurt

1 Knoblauchzehe, fein gehackt

10 Cocktailtomaten, halbiert

2 Frühlingszwiebeln, in feine Ringe geschnitten

30 g Macadamianusskerne

Salz und Pfeffer (nach Geschmack)

133

Rezept

Den Backofen auf 180 °C vorheizen. Die Süßkartoffeln der Länge nach in Spalten schneiden, auf einem mit Backpapier ausgelegten Backblech verteilen, mit etwas Olivenöl beträufeln und 25 Minuten im heißen Ofen backen. Die Samosas im Backofen aufwärmen. Die Aprikosen unter den Couscous mischen. Joghurt und Knoblauch verrühren. Die Süßkartoffelspalten mit den warmen Samosas, den Tomaten, dem Couscous und dem Joghurt auf zwei Tellern anrichten. Mit den Frühlingszwiebeln und den Nüssen bestreuen und servieren.

EINE EXTRAPORTION PROTEIN

Es gibt eine ganze Reihe pflanzlicher Eiweißlieferanten, und nicht selten ist pflanzliches Eiweiß dem menschlichen Organismus sogar zuträglicher als tierisches. Man muss einfach nur mit der Vorstellung aufräumen, eine fleischlose Mahlzeit sei keine richtige Mahlzeit. Entgegen der landläufigen Meinung ist tierisches Eiweiß für den Menschen nämlich durchaus verzichtbar und kann ohne Weiteres durch pflanzliches Eiweiß aus Hülsenfrüchten, Tofu, Nüssen und Samen oder Getreide ersetzt werden. Der menschliche Organismus benötigt pro Tag 50 bis 60 Gramm Proteine – eine Menge, die man mit einer vollwertigen, abwechslungsreichen Ernährung problemlos erreicht.

LITTLE MISS SUNSHINE

136

Für 2 Personen

1 Lauchstange, der Länge nach halbiert
und in etwa 8 cm lange Stücke geschnitten

2 Schalotten, in feine Ringe geschnitten

Olivenöl

4 bunte Karotten, der Länge nach halbiert

100 g getrocknete Kichererbsen, gegart
(oder 200 g abgetropfte Kichererbsen aus der Dose)

1 Knoblauchzehe, zerdrückt

1 TL gemahlener Kreuzkümmel

1 TL Paprikapulver

2 Eier, 6 Minuten gekocht

100 g Einkorn, gegart

2 Karotten, geschält und geraspelt

1 EL Pistazienkerne

Salz und Pfeffer (nach Geschmack)

Rezept

Eine Pfanne sehr heiß werden lassen und den Lauch darin von beiden Seiten 3 Minuten rösten. Die Hitze verringern und den Lauch weitere 5 Minuten garen. Herausnehmen und beiseitestellen. Die Schalotten in der Pfanne in etwas Olivenöl goldgelb dünsten. Die bunten Karottenhälften dazugeben, die Hitze verringern und die Karotten 10 Minuten zugedeckt garen. Inzwischen in einer zweiten Pfanne die Kichererbsen mit dem Knoblauch anbraten und mit den Gewürzen abschmecken. Die Eier pellen und halbieren. Das Einkorn mit Kichererbsen, Karottenhälften und Schalotten, den geraspelten Karotten, Lauch und Eiern auf zwei Tellern anrichten. Mit den Pistazien bestreuen, mit etwas Olivenöl beträufeln und servieren.

QUINOA, FETA & GEBRATENER KÜRBIS

138

Für 2 Personen

½ Hokkaidokürbis

4 EL Olivenöl

1 rote Zwiebel, in schmale Spalten geschnitten

100 g Quinoa, gegart

100 g Kidneybohnen, gegart
  (oder 200 g abgetropfte Bohnen aus der Dose)

100 g Feta, zerbröckelt

1 Handvoll Kürbiskerne

10 Korianderstängel, Blätter fein geschnitten

Saft von 1 Zitrone

Rezept

Den Backofengrill auf 240 °C vorheizen. Die Kürbishälfte entkernen, in Spalten schneiden, auf einem mit Backpapier ausgelegten Backblech verteilen, mit Olivenöl beträufeln und 10 Minuten unter den Grill schieben. Anschließend die Zwiebelspalten dazugeben und alles weitere 10 Minuten grillen. Die Quinoa mit Bohnen, Zwiebel und Kürbis auf zwei Tellern anrichten. Mit dem Feta, den Kürbiskernen und den Korianderblättern bestreuen, mit Zitronensaft beträufeln und servieren.

BASMATIREIS, ROTE BETE & LINSEN

140

Für 2 Personen

1 Zwiebel, in Scheiben geschnitten

Olivenöl

80 g Bohnenkerne von Dicken Bohnen

6 Minzeblätter, fein geschnitten

1 kleines Stück Ingwer, in feine Stifte geschnitten

75 g rote Linsen, gegart

220 g gegarter Basmatireis (etwa 150 g roher Reis)

2 Rote Beten, gegart und in Scheiben geschnitten

2 EL Ziegenfrischkäse

2 TL Hanfsamen

Avocado-Öl

Salz und Pfeffer (nach Geschmack)

Rezept

Den Backofen auf 180 °C vorheizen. Die Zwiebelscheiben auf einem mit Backpapier ausgelegten
Backblech verteilen, mit etwas Olivenöl beträufeln und 15 Minuten im heißen Ofen garen.
Inzwischen eine Pfanne heiß werden lassen, darin die Bohnenkerne in etwas Olivenöl andünsten,
dann die Minze unterrühren. Den Ingwer unter die Linsen mischen. Den Reis mit Linsen,
Zwiebelscheiben, den Roten Beten, Bohnenkernen und dem Ziegenfrischkäse auf zwei Tellern
anrichten. Mit den Hanfsamen bestreuen, mit etwas Avocado-Öl beträufeln und servieren.

KARTOFFEL-ERBSEN-TELLER & ZAZIKI

142

Für 2 Personen

6 Blumenkohlröschen

4 Kartoffeln, in dünne Scheiben geschnitten

Olivenöl

1 EL Sultaninen

2 Karotten, mit einem Sparschäler in lange Streifen gehobelt

200 g Spalterbsen, gegart

1 große Handvoll junge Spinatblätter

4 EL Zaziki

1 EL Chia-Samen

Salz und Pfeffer (nach Geschmack)

Rezept

Den Blumenkohl 10 Minuten dämpfen. Eine Pfanne sehr heiß werden lassen und die
Kartoffelscheiben darin 15 Minuten in etwas Olivenöl auf beiden Seiten goldgelb
braten. Die Sultaninen unter die Karotten mischen. Die Kartoffeln mit den Erbsen, dem
Spinat, den Karotten, dem Blumenkohl und dem Zaziki auf zwei Tellern anrichten.
Mit etwas Olivenöl beträufeln, mit den Chia-Samen bestreuen und servieren.

ENGLISH BREAKFAST

144

Für 2 Personen

1 Pastinake, in Stäbchen geschnitten

2 Karotten, in Stäbchen geschnitten

2 Tomaten, halbiert

Olivenöl

120 g getrocknete kleine weiße Bohnen, gegart
  (oder 250 g abgetropfte Bohnen aus der Dose)

4 EL Tomatenkaviar, alternativ Pesto aus getrockneten Tomaten

120 g Tofu, in Scheiben geschnitten

1 großer Minzestängel, Blätter fein geschnitten

1 großer Petersilienstängel, Blätter fein geschnitten

75 g Weizenkörner, gegart

4 EL vegane Aïoli (siehe S. 180)

Salz und Pfeffer (nach Geschmack)

Rezept

Den Backofen auf 180 °C vorheizen. Die Pastinaken, Karotten und Tomaten auf einem
mit Backpapier ausgelegten Backblech verteilen, mit Olivenöl beträufeln und 15 Minuten
im heißen Ofen garen. In einem Topf die Bohnen mit dem Tomatenkaviar mischen und
5 Minuten erwärmen. Eine Pfanne heiß werden lassen und darin den Tofu in etwas
Olivenöl auf beiden Seiten goldgelb braten. Die Kräuter – bis auf einen kleinen Rest –
unter den Weizen mischen. Das Ofengemüse mit Weizen, Tofu, Bohnen und der Aïoli
auf zwei Tellern anrichten. Mit den restlichen Kräutern bestreuen und servieren.

INDIEN-BOWL & KIWI

146

Für 2 Personen

1 grüne Paprikaschote, geviertelt

2 EL Olivenöl

90 g Erbsen, gegart

1 TL Currypaste

3 kleine Tomaten, fein gewürfelt

8 Korianderstängel, Blätter fein geschnitten

110 g rote Linsen, gegart

75 g Weizenkörner, gegart

4 EL griechischer Naturjoghurt

1 Kiwi, geschält und in Scheiben geschnitten

30 g Tofu, zerbröckelt

Salz und Pfeffer (nach Geschmack)

schmeckt zu jeder Jahreszeit

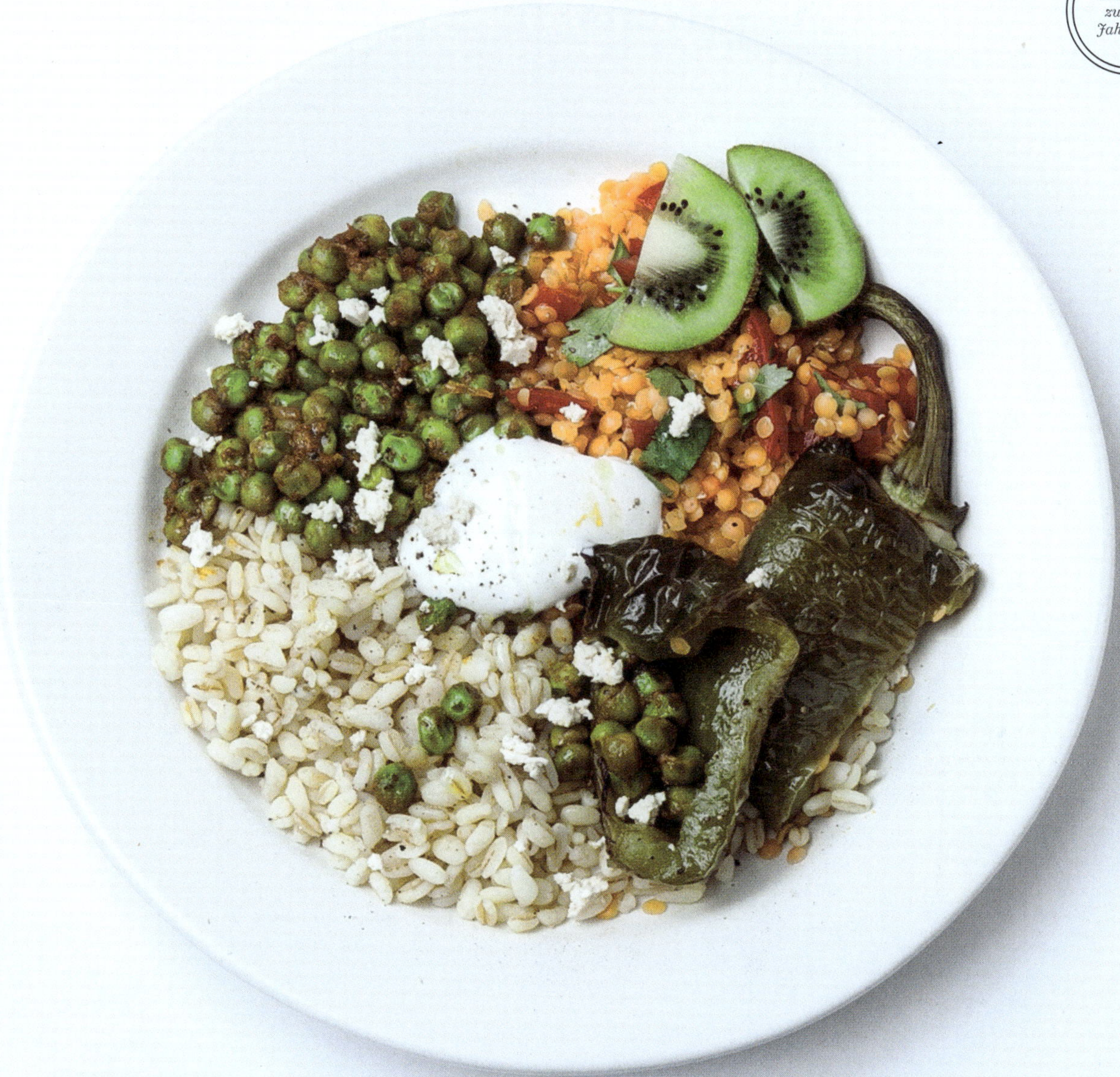

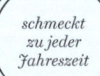

Rezept

Den Backofen auf 180 °C vorheizen. Die Paprikaviertel in eine mit Backpapier ausgelegte Form geben, mit dem Olivenöl beträufeln und 20 Minuten im heißen Ofen rösten. Die Erbsen mit der Currypaste und 1 Esslöffel Wasser 5 Minuten in einer heißen Pfanne garen. Die Tomaten und die Korianderblätter unter die Linsen mischen. Den Weizen mit dem Gemüse, den Linsen, dem Joghurt und der Kiwi auf zwei Tellern anrichten. Mit dem Tofu bestreuen und servieren.

CHAMPIGNON, EI & POLENTA

Für 2 Personen

2 Riesenchampignons (Portobello), gesäubert, Stiele herausgedreht

1 Knoblauchzehe, zerdrückt

5 Petersilienstängel, Blätter fein geschnitten

2 Karotten, in feine Stifte geschnitten

¼ Weißkohl, fein gehobelt

300 g frisch gegarter Polentabrei (von etwa 100 g Maisgrieß)

50 g Cheddar, gerieben

2 Eier, 6 Minuten gekocht

2 EL Kürbiskerne

Olivenöl

Salz und Pfeffer (nach Geschmack)

148

am besten
von Oktober
bis März

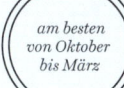

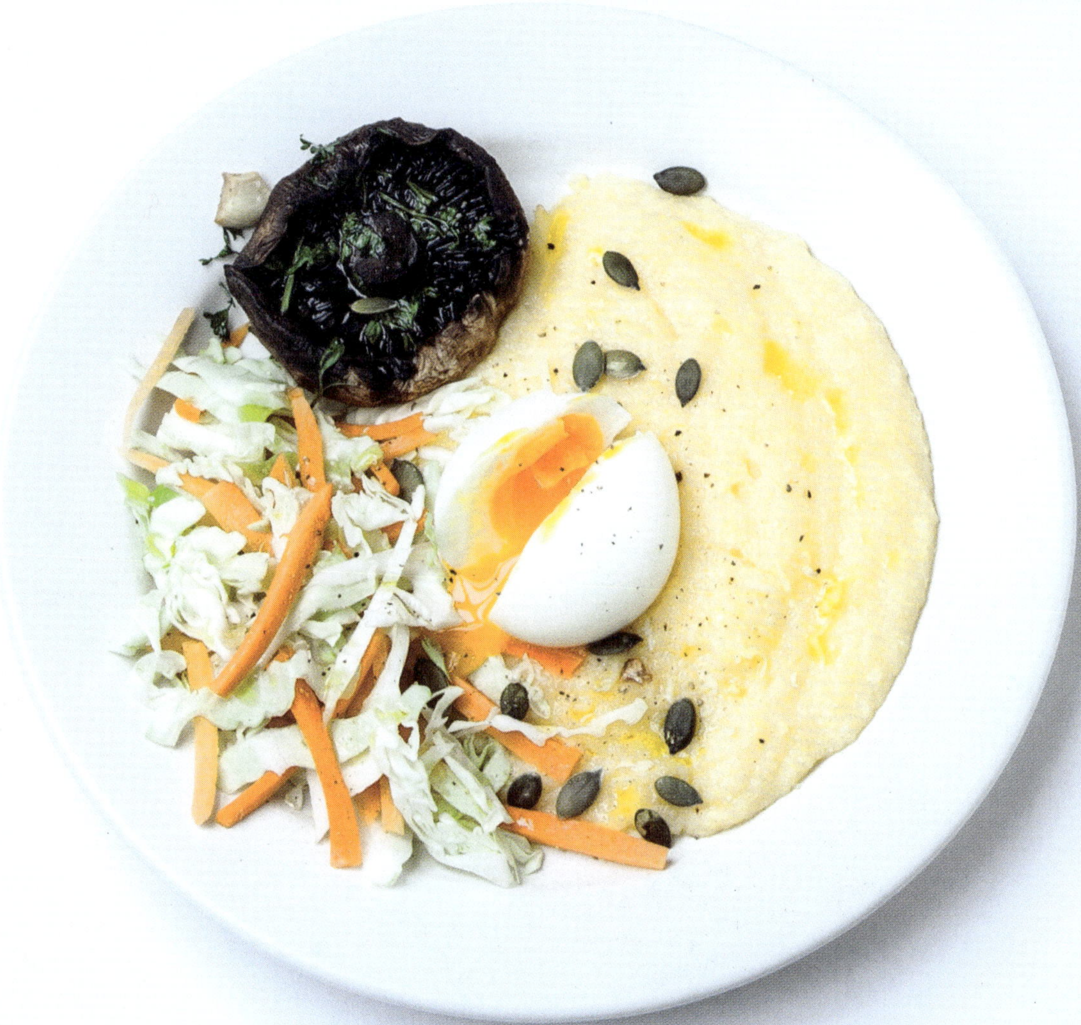

Rezept

Den Backofen auf 180 °C vorheizen. Die Champignons mit der Lamellenseite nach oben auf ein mit Backpapier ausgelegtes Backblech geben, mit dem Knoblauch, der Petersilie und etwas Salz bestreuen und 10 Minuten im heißen Ofen garen. Inzwischen die Karotten mit dem Kohl mischen. Unter den heißen Polentabrei den Käse rühren. Die Eier pellen und halbieren. Die Polenta mit den Eiern, den Pilzen und der Karotten-Kohl-Mischung auf zwei Tellern anrichten. Mit Kürbiskernen bestreuen, mit etwas Olivenöl beträufeln und sofort servieren.

QUINOA & KOKOS-KAROTTEN

150

Für 2 Personen

2 kleine Karotten, geraspelt

2 EL Kokosraspel

100 g Quinoa, gegart

100 g getrocknete Kichererbsen, gegart
 (oder 200 g abgetropfte Kichererbsen aus der Dose)

1 Avocado, entkernt und in Spalten geschnitten

4 EL cremig-frische Kräutersauce (siehe S. 174)

6 Schnittlauchhalme, fein geschnitten

2 EL blanchierte Mandelkerne

Saft von 1 Zitrone

Rezept

Die Karotten mit den Kokosraspeln mischen. Die Quinoa mit Karotten, den
Kichererbsen, der Avocado und der Kräutersauce auf zwei Tellern anrichten.
Mit Schnittlauch und Mandeln bestreuen, mit Zitronensaft beträufeln und servieren.

BULGUR & MARONEN

152

Für 2 Personen

¼ Blumenkohl

Olivenöl

1 Aubergine, fein gewürfelt

2 TL Ras-el-Hanout (orientalische Gewürzmischung)

80 g gegarte Maronen

12 getrocknete Aprikosen ohne Stein, klein geschnitten

1 kleiner Becher Schafsmilchjoghurt

110 g Bulgur, gegart

3 Petersilienstängel, fein geschnitten

1 EL grob gehackte Mandelkerne

Rezept

Den Backofen auf 180 °C vorheizen. Den Blumenkohl auf einem mit Backpapier ausgelegten Backblech mit etwas Olivenöl beträufeln und 20 Minuten im heißen Ofen garen,
bis er goldbraun ist. Inzwischen in einer Pfanne die Auberginenwürfel 5 Minuten in etwas
Olivenöl anbraten, anschließend mit Ras-el-Hanout würzen. In einer zweiten Pfanne die
Maronen mit den Aprikosen 5 Minuten rösten. Den Joghurt cremig rühren. Den Bulgur
mit Gemüse, Maronen-Aprikosen-Mix und Joghurt auf zwei Tellern anrichten. Mit der
Petersilie und den Mandeln bestreuen, mit etwas Olivenöl beträufeln und servieren.

REIS, TOFU & GRATINIERTE ZUCCHINI

154

Für 2 Personen

1 Zucchini, in dünne Scheiben geschnitten

Olivenöl

30 g Cheddar, gerieben

150 g Tofu, in Stücke geschnitten

½ Zwiebel, fein gewürfelt

1 TL Ras-el-Hanout (orientalische Gewürzmischung)

2 EL rotes Pesto

220 g gegarter weißer Reis (etwa 150 g roher Reis)

2 Handvoll zarte Rucolablätter

150 g getrocknete Kichererbsen, gegart
 (oder 300 g abgetropfte Kichererbsen aus der Dose)

4 EL Hummus

1 EL Hanfsamen

3 Petersilienstängel, Blätter abgezupft

Salz und Pfeffer (nach Geschmack)

Rezept

Den Backofen auf 180 °C vorheizen. Die Zucchinischeiben in einer mit Backpapier ausgelegten Form verteilen, mit Olivenöl beträufeln und 6 Minuten im heißen Ofen garen. Anschließend mit dem Käse bestreuen und 6 Minuten im Ofen überbacken. Inzwischen in einer Pfanne den Tofu mit der Zwiebel auf beiden Seiten in etwas Olivenöl goldbraun braten. Mit dem Ras-el-Hanout würzen und das Pesto einrühren. Den Reis mit dem Rucola, den Kichererbsen, den Zucchini, dem Tofu und dem Hummus auf zwei Tellern anrichten. Mit Hanfsamen und Petersilie bestreuen, mit etwas Olivenöl beträufeln und servieren.

HIRSE, TEMPEH & PFIFFERLINGE

Für 2 Personen

10 Rosenkohlröschen, halbiert

100 g Pfifferlinge, gesäubert

2 Salbeiblätter

Olivenöl

6 Scheiben Tempeh (indonesische Spezialität
  aus fermentierten Sojabohnen)

2 Thymianzweige

200 g grüne Linsen, gegart

1 Knoblauchzehe, fein gehackt

120 g Hirse, gegart

4 EL veganes grünes Pesto

2 EL grob gehackte Haselnusskerne

Salz und Pfeffer (nach Geschmack)

Rezept

Den Rosenkohl 6 Minuten dämpfen. In einer Pfanne die Pilze mit dem Salbei 5 Minuten in etwas Olivenöl braten und mit 1 Prise Salz würzen. In einer zweiten Pfanne das Tempeh mit dem Thymian 5 Minuten in etwas Olivenöl von beiden Seiten goldbraun braten. Die Linsen mit dem Knoblauch anbraten. Das Tempeh mit Linsen, Pfifferlingen, Rosenkohl, der Hirse und dem Pesto auf zwei Tellern anrichten. Mit den Nüssen bestreuen und servieren.

KRÄUTEROMELETT & GRÜNER SPARGEL

Für 2 Personen

6 grüne Spargelstangen

3 Eier

4 EL Milch

3 Basilikumstängel, Blätter fein geschnitten

3 Petersilienstängel, Blätter fein geschnitten

3 Korianderstängel, Blätter fein geschnitten

Salz und Pfeffer

Olivenöl

75 g getrocknete Kichererbsen, gegart
  (oder 150 g abgetropfte Kichererbsen aus der Dose)

100 g Weizenkörner, gegart

8 Radieschen, in dicke Scheiben geschnitten

3 EL Kürbiskerne

4 EL Vinaigrette

159

Rezept

Den Spargel 8 Minuten dämpfen und in Stücke schneiden. Die Eier in einer Schüssel kräftig mit der Milch, den Kräutern sowie je 1 Prise Salz und Pfeffer verrühren. Eine Pfanne heiß werden lassen und darin die Eimischung in etwas Olivenöl in 5 Minuten zu einem Omelett backen. Das Omelett halbieren und mit dem Spargel, den Kichererbsen, dem Weizen und den Radieschen auf zwei Tellern anrichten. Mit Kürbiskernen bestreuen, mit der Vinaigrette beträufeln und servieren.

SOBANUDELN, GEMÜSE & EI

Für 2 Personen

300 g grüne Bohnen,
  gewaschen und abgefädelt

Sesamöl

1 EL dunkle Misopaste (Hatcho-Miso)

35 g Edamame (grüne Sojabohnen)

2 EL Sojasauce

125 g Sobanudeln (japanische Buchweizennudeln), gegart

4 Karotten, geschält und quer in Scheiben geschnitten

2 Eier, hart gekocht und in Scheiben geschnitten

4 EL Guacamole

2 TL schwarze Sesamsamen

2 Frühlingszwiebeln, in Ringe geschnitten

161

Rezept

Die grünen Bohnen 5 Minuten dämpfen und anschließend in einer Pfanne 5 Minuten
in 2 Teelöffeln Sesamöl braten. Das Miso und 1 Esslöffel Wasser einrühren und alles
5 Minuten köcheln lassen. Die Edamame gegebenenfalls aus den Schoten lösen und die
Kerne mit der Sojasauce mischen. Die Nudeln mit grünen Bohnen, Karotten, Edamame,
den Eiern und der Guacamole auf zwei Tellern anrichten. Mit dem Sesam und den
Frühlingszwiebeln bestreuen, mit etwas Sesamöl beträufeln und servieren.

QUINOA, OFENGEMÜSE & ZAZIKI

162

Für 2 Personen

½ Zucchini, geviertelt

½ rote Paprikaschote, geviertelt

Olivenöl

220 g getrocknete kleine weiße Bohnen, gegart
  (oder 450 g abgetropfte Bohnen aus der Dose)

1 Knoblauchzehe, fein gehackt

1 TL Harissa (scharfe Gewürzpaste)

60 g Quinoa, gegart

4 EL Zaziki

½ milde Zwiebel, in Ringe geschnitten

8 Datteln, entsteint

5 Minzestängel, Blätter grob gehackt

Salz und Pfeffer (nach Geschmack)

Rezept

Den Backofen auf 200 °C vorheizen. Die Zucchini- und Paprikastücke in eine mit Backpapier ausgelegte Form geben, mit Olivenöl beträufeln und 15 Minuten im heißen Ofen garen. Inzwischen eine Pfanne heiß werden lassen und darin die Bohnen mit dem Knoblauch 4 Minuten andünsten. Die Harissa mit 2 Esslöffeln Wasser einrühren und alles 2 Minuten weitergaren. Die Quinoa mit Zucchini, Paprika, Bohnen und dem Zaziki auf zwei Tellern anrichten. Mit den Zwiebelringen, den Datteln und der Minze bestreuen und servieren.

SPINAT & MINZFRISCHE ERBSEN

164

Für 2 Personen

150 g getrocknete Kidneybohnen, gegart
(oder 300 g abgetropfte Bohnen aus der Dose)

4 EL Tomatensauce

60 g Erbsen, gegart

Olivenöl

3 Minzestängel, Blätter grob gehackt

1 Schalotte, fein gewürfelt

80 g junge Spinatblätter

3 Scheiben Brot, getoastet und halbiert

4 EL Pesto

20 g Parmesan, gerieben

Salz und Pfeffer (nach Geschmack)

165

Rezept

In einer Pfanne die Kidneybohnen 3 Minuten in der Tomatensauce erhitzen. Die Erbsen mit
4 Esslöffeln Olivenöl und der Minze pürieren. In einer zweiten Pfanne die Schalotte in etwas
Olivenöl andünsten, die Hälfte des Spinats hinzufügen und die Blätter zusammenfallen lassen.
Die Kidneybohnen mit dem Erbsenaufstrich, dem Brot, dem rohen und gedünsteten Spinat
und dem Pesto auf zwei Tellern anrichten. Mit dem Parmesan bestreuen und servieren.

COUSCOUS, TOFU & BACKPFLAUMEN

166

Für 2 Personen

1 Zucchini, quer in dicke Stücke
  geschnitten

Olivenöl

200 g Tofu, in fingerdicke Scheiben
  geschnitten

Sesamöl

1 TL gemahlener Kreuzkümmel

200 g grüne Linsen, gegart

80 g Couscous, gegart

4 EL Kopanisti (griechische Feta-Paprika-Creme)

8 Backpflaumen, entsteint

2 Petersilienstängel, Blätter fein geschnitten

2 TL Leinsamen

Rezept

Die Zucchini 5 Minuten dämpfen und anschließend in einer Pfanne auf beiden
Seiten in etwas Olivenöl anbraten. In einer zweiten Pfanne den Tofu in etwas
Sesamöl braten und mit dem Kreuzkümmel würzen. Die Linsen mit dem Couscous,
der Zucchini, dem Tofu und der Fetacreme auf zwei Tellern anrichten. Mit den
Backpflaumen, der Petersilie und den Leinsamen bestreuen und servieren.

SAUCEN & GESUNDE SNACKS

Die folgenden sechs köstlichen Saucen eignen sich nicht
nur hervorragend zum Aufpeppen vegetarischer Gerichte,
sie schmecken auch vorzüglich auf Brot oder als Dip zu Crackern
zum Aperitif. Darüber hinaus finden Sie hier vier Rezepte für
pikante und süße Snacks, mit denen Sie Ihre Energiespeicher
zwischendurch immer mal wieder auffüllen können.

BOHNENCREME

Ergibt etwa 800 ml

300 g getrocknete kleine weiße Bohnen, gegart und
   abgekühlt (oder 600 g abgetropfte Bohnen aus der Dose)
1 weiße Zwiebel, in Stücke geschnitten
Saft von 1 Zitrone
1 TL Kurkuma
1 TL Masala

1 TL gemahlener Kreuzkümmel
2 gestrichene EL Mandelmus
4 EL Olivenöl
4 EL fein geschnittene Korianderblätter
Salz und Pfeffer (nach Geschmack)

Rezept

Die Bohnen mit der Zwiebel, dem Zitronensaft, den Gewürzen, dem Mandelmus, dem Olivenöl und 5 Esslöffeln Wasser im Mixer zu einem cremigen Püree verarbeiten. Die Korianderblätter untermischen, mit Salz und Pfeffer abschmecken und die Creme noch einmal durchrühren. In einem luftdicht verschlossenen Schraubglas ist die Bohnencreme eine Woche im Kühlschrank haltbar.

GEMÜSESAUCE

172

Ergibt etwa 800 ml

1 Zwiebel, geschält

1 Karotte, geschält

1 Lauchstange

1 kleine Süßkartoffel, geschält

4 EL Olivenöl

75 g Puy-Linsen, gegart

2 Knoblauchzehen, zerdrückt

1 EL Tomatenmark

1 EL Currypulver

1 EL Kurkuma

Salz und Pfeffer (nach Geschmack)

Rezept

Die Zwiebel, die Karotte, den Lauch und die Süßkartoffel klein schneiden und in einem Topf in dem Olivenöl andünsten. Die Linsen mit dem Knoblauch, dem Tomatenmark, dem Currypulver und der Kurkuma unterrühren und 400 ml Wasser zugießen. Das Gemüse 30 Minuten bei mittlerer Hitze köcheln und danach abkühlen lassen. Das abgekühlte Gemüse samt Kochflüssigkeit im Mixer zu einer cremigen Sauce pürieren, mit Salz und Pfeffer abschmecken und bei Bedarf mit etwas Wasser verdünnen. In einem luftdicht verschlossenen Schraubglas kann die Sauce eine Woche im Kühlschrank aufbewahrt werden.

CREMIG-FRISCHE KRÄUTERSAUCE

Ergibt etwa 800 ml

1 Salatgurke, geschält und
   in Stücke geschnitten
2 große Knoblauchzehen,
   grob gehackt
100 g Spalterbsen, gegart
100 g Ricotta, zerbröckelt
100 g Feta, zerbröckelt
1 Bund Minze, Blätter abgezupft
1 Bund Basilikum, Blätter abgezupft
1 Bund Petersilie, Blätter abgezupft
Saft von 1 Zitrone
1 EL Kreuzkümmelsamen
2 EL Olivenöl
1 TL Apfelessig
Salz und Pfeffer (nach Geschmack)

174

Rezept

Sämtliche Zutaten in den Mixer geben und zu einer cremigen Sauce pürieren.
Die Kräutersauce passt hervorragend zu Rohkost und gedämpftem Gemüse.
In einem luftdicht verschlossenen Schraubglas kann sie eine Woche im
Kühlschrank aufbewahrt werden.

GRÜNER GAZPACHO

176

Ergibt etwa 800 ml

1 Selleriestange
  mit Grün, geputzt

1 kleine grüne
  Paprikaschote,
  entkernt

½ Salatgurke, geschält

2 Scheiben altbackenes Brot

2 Knoblauchzehen, grob gehackt

100 g Walnusskerne, leicht geröstet

10 g junge Spinatblätter

5 Basilikumstängel, Blätter abgezupft

5 Petersilienstängel, Blätter abgezupft

1 EL Sherry-Essig

100 ml Olivenöl

20 g Schafsmilchjoghurt

Salz und Pfeffer (nach Geschmack)

Rezept

Die Selleriestange mitsamt dem Grün, die Paprikaschote, die Gurke und das Brot klein schneiden. Sämtliche Zutaten in den Mixer geben und zu einer cremigen Sauce pürieren. In einem luftdicht verschlossenen Schraubglas ist der Gazpacho eine Woche im Kühlschrank haltbar.

CHERMOULA – AUCH VEGAN

178

Ergibt etwa 500 ml

2 Knoblauchzehen, geschält

½ TL Salz

1 TL Paprikapulver

2 TL gemahlener Kreuzkümmel

½ TL Cayennepfeffer

Saft von 1 Zitrone

125 g Ricotta (für eine vegane Chermoula Seidentofu verwenden), zerbröckelt

6 kleine Tomaten, in Stücke geschnitten

6 EL Olivenöl

1 Bund Koriandergrün, Blätter gehackt

1 Bund glatte Petersilie, Blätter gehackt

Rezept

Den Knoblauch mit dem Salz im Mörser zerdrücken. Die anderen Gewürze und den Zitronensaft hinzufügen und alles zu einer Paste verrühren. Die Paste mit den übrigen Zutaten im Mixer zu einer cremigen Sauce pürieren. In einem luftdicht verschlossenen Schraubglas kann die Chermoula eine Woche im Kühlschrank aufbewahrt werden.

VEGANE AÏOLI

Ergibt etwa 500 ml

300 g Seidentofu, zerbröckelt

1 Knoblauchzehe, grob gehackt

1 Bund glatte Petersilie, Blätter abgezupft

2 TL Senf

Saft und Schale von 1 unbehandelten Limette

4 EL Olivenöl

Salz und Pfeffer (nach Geschmack)

180

Rezept

Sämtliche Zutaten in den Mixer geben und cremig rühren. In einem luftdicht verschlossenen
Schraubglas kann die Aïoli eine Woche im Kühlschrank aufbewahrt werden.

POWER-RIEGEL

Ergibt etwa 20 Stück

80 g Haferflocken

30 g Pistazienkerne

30 g Walnusskerne

30 g Datteln, entsteint und gehackt

2 EL Ahornsirup oder Honig

1 TL Vanillepulver

2 EL Milch oder Haferdrink

80 g Fruchtfleisch von 1 Hokkaidokürbis, geraspelt

30 g Rosinen

Rezept

Den Backofen auf 180 °C vorheizen. Die Haferflocken mit Pistazien und Walnüssen im Mixer
so fein wie Mehl hacken. Die Datteln, den Ahornsirup oder Honig, das Vanillepulver und die
Milch oder den Haferdrink hinzufügen und alles zu einem Teig verrühren. Den Teig in eine
große Schüssel geben und den geraspelten Kürbis und die Rosinen einarbeiten. Ist der Teig
zu feucht, weitere Haferflocken dazugeben, bis er die Konsistenz eines Plätzchenteigs hat.
Den Teig gleichmäßig auf einem mit Backpapier ausgelegten Backblech verstreichen und
15 Minuten im Ofen backen. In schmale Rechtecke schneiden und auskühlen lassen.

KERNIGE CRACKER

Ergibt etwa 20 Stück

40 g Chia-Samen

40 g Leinsamen

40 g Kürbiskerne

40 g Walnusskerne, grob gehackt

1 große Knoblauchzehe, gerieben

½ milde Zwiebel, gerieben

3 Prisen Fleur de Sel

3 Prisen getrockneter Oregano

Rezept

Den Backofen auf 180 °C vorheizen. Die Samen und Kerne mit dem Knoblauch und der Zwiebel sowie 200 ml Wasser zu einem dicken Teig verrühren und mit Fleur de Sel und Oregano würzen. Den Teig 4–5 mm dick auf einem mit Backpapier ausgelegten Backblech verstreichen und 30 Minuten im Ofen backen. Aus dem Ofen nehmen, in schmale Rechtecke schneiden und diese weitere 30 Minuten backen. Die Cracker anschließend auskühlen lassen.

KOKOS-ERDNUSS-KUGELN

Ergibt etwa 20 Stück

100 g Haferflocken
100 g Kokosraspel
100 g Erdnusscreme
40 g Leinsamen
6 EL Agavendicksaft
2 TL Vanillepulver
6 Datteln, entsteint und gehackt

Rezept

Die Haferflocken mit der Hälfte der Kokosraspel und den übrigen Zutaten zu einem Teig verrühren. Ist der Teig zu trocken, noch etwas Agavendicksaft einarbeiten. Ist er zu klebrig, noch ein paar Haferflocken dazugeben. Aus dem Teig 3 cm große Kugeln formen, die Kugeln in den restlichen Kokosraspeln wälzen und mindestens 30 Minuten in den Kühlschrank stellen. Im Kühlschrank sind sie bis zu einer Woche haltbar.

FRUCHTIG-WÜRZIGE REISKUGELN

188

Ergibt etwa 20 Stück

60 g Cashewkerne

60 g blanchierte Mandelkerne

60 g getrocknete Aprikosen ohne Stein,
  klein geschnitten

1 Karotte, geraspelt

1 TL gemahlener Kardamom

100 g Reisflocken

2 EL Apfelmus

1 TL gemahlener Zimt

½ TL gemahlene Muskatnuss

1 EL Melasse (Zuckerrohrsirup)

Rezept

Die Cashewkerne mit den Mandeln, den Aprikosen, der Karotte und dem Kardamom im Mixer fein hacken. Die Mischung in eine Schüssel geben und mit den Reisflocken, dem Apfelmus, dem Zimt, der Muskatnuss und Melasse vermengen. 3 cm große Kugeln aus der Masse formen und diese mindestens 30 Minuten in den Kühlschrank stellen. Im Kühlschrank sind die Kugeln bis zu einer Woche haltbar.

REGISTER

190

191

© 2016 Neuer Umschau Buchverlag für die deutsche Ausgabe

Titel der französischen Originalausgabe
Assiettes Veggie. Prêt à cuisiner.
© Hachette-Livre (Marabout), Paris 2015

Texte
Isabelle Yafil
Rezepte & Fotografie
Virginie Garnier, Caspar Miskin
Chefredaktion
Laura Kirschbacher, Neustadt an der Weinstraße
Übersetzung aus dem Französischen
Barbara Holle, München
Lektorat, Redaktion
Karen Dengler, Werkstatt München
Satz
Anja Dengler, Werkstatt München
Umschlaggestaltung
Tina Defaux, Neustadt an der Weinstraße

Gedruckt in Italien von STIGE (Turin)
978-3-86528-819-6